Raffinierte

Eintöpfe

Suppen & Aufläufe

Genehmigte Lizenzausgabe, 1996

Produktion:
Pohl-Kauka-Verlag GmbH, Moosburg

ISBN 3 8122 3583 8

Raffinierte
Eintöpfe
Suppen & Aufläufe

INHALT

Seite 8 bis 33

Seite 34 bis 73

Seite 74 bis 137

Seite 138 bis 159

Der Eintopf – das ist das Urerlebnis Essen. Das Gericht für alle aus einem Topf kannten schon die Jäger und Sammler der frühen Menschheitsgeschichte. Alles, was sie heimbrachten, wurde in den großen Topf geworfen und gesotten.

Und das steckt noch heute in uns. Ob Pfadfinder, Camping-Fans oder beim Picknick – man fühlt sich wohl rund um den rauchgeschwärzten Hordentopf über dem flackernden Feuer. Die große Kelle füllt jedem einen ordentlichen Schlag auf den Teller, macht Gemeinschaftserlebnis und gibt das beruhigende Gefühl, alle werden satt.

Jedes Land der Erde hat „seinen" eigenen Eintopf. Mal sind Fisch, mal Fleisch, Gemüse oder Getreide die Grundlage. Die Produkte des Landes bestimmen das Rezept.

Wie so viele Dinge, deren Grundidee einfach ist, läßt auch das „Gute in einem Topf" der Fantasie Spielraum. Deshalb finden Sie in diesem Buch neben den traditionellen Rezepten zu bekannten und beliebten Gerichten viele Variationen zu jedem Thema und außerdem Buntgemischtes aus aller Herren Länder.

Leckere Rezepte, zusätzliche Tips und praktische Hinweise zu den verschiedenen Garmethoden werden Sie bestimmt zu eigenen Kreationen anregen.

Ursprünglich war der Eintopf das Essen einfacher Leute, die in ihren Kessel warfen, was sie gerade hatten, ohne auf feinspitzige Rezepte Wert zu legen.

Heute haben gefeierte Starköche diesen Methusalem der Küchenkultur für sich neu entdeckt. Wahrscheinlich erkannten sie, daß die Pinzetten-Portionen der „Nouvelle Cuisine" dem Gast mehr Frust als Lust bereiteten. Vielleicht war es auch die Erkenntnis, welchen Reichtum an schöpferischen Möglichkeiten dieses einfache Grundkonzept bietet. Ob Kabeljau und Kartoffel oder Hummer und Trüffel, alles was Meer und Erde bieten, wird von Meisterhand kombiniert.

Freilich sind diese „modernen" Eintöpfe ein bißchen edler als das ursprüngliche Arme-Leute-Essen. Und sie sind sehr viel leichter als früher, weil wir ja abends nicht alle vom Holzfällen nach Hause kommen.

PRAKTISCHE GARMETHODEN

Eintopf kochen ist eine Methode, sich das Leben leichter zu machen: Alle Zutaten in einen Topf und Deckel drauf – fast so einfach kann die Zubereitung sein. Für optimales Gelingen der einzelnen Rezepte sollte man allerdings schon wissen, was da im Topf passiert – ob's köchelt oder schmort. Auch bei der Vorbereitung kann ein wenig Know-how nicht schaden und erst recht nicht für ein gelungenes Finale.

Auswahl der Zutaten

Eintöpfe sind teilweise in Verruf geraten, weil lieblose Köche die Zutaten allzu wahllos zusammengewürfelt hatten, und in manchem Kantinen-Pichelsteiner die Erinnerungen an die Mahlzeiten einer ganzen Woche enthalten waren.

In Eintöpfen kann man zwar auch Reste verwerten, aber das Gericht darf nicht zu einem beliebigen Reste-Mischmasch werden.

Zurechtschneiden

Am Ende der Kochzeit sollen alle Zutaten gar, aber nicht verkocht sein. Das heißt, beim Zerkleinern von Gemüse, Fleisch usw. hat sich die Größe der einzelnen Stücke genau nach der Garzeit zu richten: schnell garendes Gemüse wie Lauch oder Zucchini in größeren, Karotten und Kartoffeln in kleineren Stücken. Oder härteres Gemüse zuerst in den Topf geben, zarteres später.

Fleisch kann ebenfalls sehr unterschiedliche Garzeiten haben, die berücksichtigt sein wollen.

Erst, wenn alles zurechtgeschnitten und griffbereit ist, wird mit dem Kochen begonnen. Das übrige geht dann wirklich von selbst.

Würzen

Seien Sie beim Würzen von Eintöpfen nicht zaghaft, denn sie sollen kräftig schmecken. Wenn das fertige Gericht nachgewürzt werden muß, verbinden sich die Aromen nicht mehr so intensiv mit dem Ganzen, der Geschmack ist dann weniger rund.

Kräuter: Wenn Sie frische Kräuter verwenden, garen Sie am besten die Hälfte davon mit und streuen die andere Hälfte gehackt über das fertige Gericht. Von getrockneten Kräutern wird die gesamte Menge mitgegart.

In Eintöpfen schmecken besonders gut:
Thymian: paßt eigentlich immer
Rosmarin: vor allem, wenn es nach Süden schmecken soll
Majoran: zu Schwein und Kartoffeln
Oregano/wilder Majoran: wenn Tomaten dabei sind
Beifuß: zu fettem Schweinefleisch und zu Gans
Salbei: an Schwein und Kalb – sollte allein zur Geltung kommen
Liebstöckel: für Fleisch, Kartoffeln und Tomaten.

Gewürze: Was würzt, steht im Rezept. Sollten Sie aber selbst experimentieren, dann paßt:
Kümmel: zu Schwein, Kohl und Kartoffeln
Kreuzkümmel: zu Lamm und Linsen
Koriander: eine kleine Prise davon rundet überall den Geschmack ab
Kurkuma, Curry, Ingwer: wenn's asiatisch angehaucht sein soll
Safran: zu Fisch und Reisgerichten.

Garen

Damit sich die verschiedenen Aromen in einem Eintopf oder Auflauf miteinander verbinden können, werden meist sanfte Garmethoden gewählt, nicht zu hohe Temperaturen und dafür lieber längere Zubereitungszeiten.

Kochen

Mit „Kochen" im weiteren Sinn bezeichnet man jede Zubereitung von Nahrungsmitteln. Im strengen Sinn bedeutet Kochen „das Garen in sprudelnder Flüssigkeit bei annähernd 100° C". „Sieden" bedeutet dasselbe.

Andere dem Kochen verwandte Garmethoden:
Blanchieren, das kurze Abkochen in heftig wallendem Wasser.
Köcheln oder Simmern ist Garen in beinahe kochendem Wasser bei rund 90° C, kleine Bläschen an der Oberfläche.
Garziehen, französisch *„Pochieren"*, ist Garen in heißer, aber nicht kochender Flüssigkeit bei ca. 80° C.

Dampfdrucktopf: Daß bei höherer Kochtemperatur geringere Garzeiten erforderlich sind, nützt der Dampfdrucktopf. Im hermetisch verschlossenen Topf kann der Wasserdampf nicht entweichen, die Temperatur steigt. Bei 100–120° C sind die Speisen wesentlich schneller gar. Zeitersparnis: 30–80 Prozent.

Schmoren

Kulinarisch ist das Schmoren eine hervorragende Garmethode. Das Ergebnis macht zwar selten schlank, aber jedenfalls schmeckt es vorzüglich und ist meist auch noch preiswert.

Das Schmoren kann man als rustikales Dünsten bezeichnen, beide Garmethoden sind eng miteinander verwandt. Das Schmoren ist wie das Dünsten ein Garen bei milder Hitze mit wenig Flüssigkeit im geschlossenen Topf.

Der Unterschied besteht außer in der Länge der Garzeit nur in der Anfangsphase. Um einen kräftigen Geschmack zu bekommen, werden Schmorgerichte bei starker Hitze angebraten, erst dann mit Flüssigkeit angegossen und bei schwacher Hitze so lange gegart, bis sie zart sind.

Gerade die etwas billigeren, durchwachsenen Fleischstücke sind zum Schmoren besonders gut geeignet und lassen sich durch Zutaten und Gewürz vielfältig abwandeln. Saucen-Fans lieben Geschmortes, denn seine reichliche Sauce ist immer kräftig und würzig.

Außerdem lassen sich Schmorgerichte gut vorbereiten, wieder aufwärmen oder einfrieren.

Schmoren im Backofen: Das Gericht schmort gleichmäßiger als auf dem Herd und legt weniger leicht an, weil die Hitze nicht nur von unten kommt. Außerdem braucht man nicht unbedingt den schweren Gußeisentopf. Das Schmoren im Backofen gelingt auch in Kochtöpfen und Formen aus anderem Material. Natürlich müssen alle Gefäße gutsitzende Deckel haben.

Für Eilige und Gesundheitsbewußte ist auch der **Schnellkochtopf** zum Schmoren geeignet. Sie sollten allerdings dem Geschmack zuliebe auf das Anrösten der Zutaten in etwas Fett nicht verzichten. Ein weiterer Vorteil: Das Fleisch verliert im Schnellkochtopf kaum an Volumen. Das Gemüse gibt allerdings viel Saft ab. Die Sauce muß vor dem Anrichten stark reduziert und abgeschmeckt werden.

Die Wundertüte: Alle Zutaten, die angeröstet werden, sollen trocken sein und schnell rundherum eine Kruste bilden. Dabei hilft eine gleichmäßig hauchdünne Mehlschicht, die man mit der Mehltüte erreicht: Fleischwürfel oder andere geschnittene Zutaten kommen zusammen mit etwas Mehl in eine feste Papiertüte. Ein paarmal heftig schütteln und die Stücke herausheben. Alles überflüssige Mehl bleibt in der Tüte.

Wie gründlich die Mehltüte arbeitet, sehen Sie an den Kalbshaxenscheiben für das italienische Gericht „Ossobuco" – vor und nach der Behandlung mit der Tüte.

Anstäuben: Damit die Sauce intensiv schmeckt und sämig wird, stäubt man beim Anrösten der Schmorgerichte häufig mit Gewürzpulver oder mit Mehl an. Gemahlene Gewürze schwitzen im Bratfett ebenso an wie Mehl und binden die zugegossene Flüssigkeit.

Beispiel für ein typisches Schmorgericht ist das „Fleischragout mit Gemüse", Rezept auf Seite 93.

Alle Zutaten in gleich große Stücke schneiden, damit sie gleichmäßig garen. Fleisch, das mit Fett leicht durchwachsen ist, wird beim Schmoren zarter als ganz mageres.

Das Fleisch portionsweise im heißen Fett anrösten und herausheben. Gibt man das Fleisch auf einmal in den Topf, kann sich keine schützende Kruste um die einzelnen Fleischwürfel legen und es tritt zuviel Saft aus.

Nach dem Fleisch werden Speck und Gemüse angeröstet. Reichlich Zwiebeln und Gemüse machen die Sauce so füllig, daß meist auf ein Andicken verzichtet werden kann.

Das Fleisch mit seinem Saft wieder zugeben. Bei starker Hitze etwas Wein und Brühe angießen oder nur einfach Wasser.

Das Gericht einmal aufkochen lassen und würzen. Gewürzkörner werden in Mull gebunden, um sie vor dem Servieren zu entfernen. Den Topf fest verschließen.

Nun gart das Gericht fast von allein, entweder bei kleinster Hitze auf dem Herd oder bei 175° C im Backofen. Beim Schmoren auf dem Herd ab und zu umrühren und eventuell Flüssigkeit nachgießen.

Die Sauce nach Belieben mit Sahne verfeinern. Falls sie zu dünn ist, mit einem Teil des Gemüses pürieren oder mit etwas Mehlbutter binden oder im offenen Topf einkochen lassen.

Schmorgemüse

Die vernünftigen Grundsätze der Neuen Küche: „Kurze Garzeiten, knackige Gemüse“ sollte man hier ausnahmsweise einmal vergessen. Schmorgemüse schmecken erst dann so richtig rund und fein, wenn sie lange und langsam im Topf schmoren dürfen.

Beim Schmoren im Backofen genügt es, gegen Ende der im Rezept angegebenen Garzeit nachzuschauen und umzurühren. Auf dem Herd sollten Sie das Gemüse öfters wenden.

Dünsten

Das Dünsten unterscheidet sich als Garmethode nicht sehr vom Schmoren – es geht nur alles ein wenig behutsamer vor sich. In beiden Fällen wird bei milder Hitze im geschlossenen Topf gegart.

Unterschied: Während beim Schmoren die Lebensmittel zunächst scharf angebraten werden, damit sie kräftiger schmecken, ist beim Dünsten schon in der Anfangsphase der Schongang eingeschaltet.

Die Speisen werden nur sanft in Butter oder anderem Fett angedünstet, ohne zu bräunen. Oder es wird gleich ganz auf das Andünsten mit Fett verzichtet und nur mit etwas Flüssigkeit bzw. im Dampf gedünstet.

Während der Garzeit verdampft die wenige Flüssigkeit, die sich im Topf befindet, der Dampf sammelt sich am Topfdeckel und tropft wieder auf das Gargut herab.

Dadurch erübrigt sich das Zugießen von Flüssigkeit – die Speisen garen sozusagen „im eigenen Saft".

Vorteile beim Dünsten sind, daß Nährstoffe, Vitamine und Geschmack der Zutaten weitgehend erhalten bleiben. Bei der geringen Flüssigkeitsmenge schwimmen die Vitamine nicht davon, und auch das Aroma kann sich im geschlossenen Topf nicht verflüchtigen.

Eintöpfe aus Fleisch und Gemüse können auch gedünstet anstatt geschmort werden. Es sollte sich allerdings um zartes Fleisch handeln wie Kalb, Geflügel, Lamm oder Kaninchen.

Das Fleisch und das Gemüse in kleine Würfel oder feine Streifen schneiden und gemeinsam in den Topf geben. Wenig Fett oder einige Eßlöffel voll Brühe verhindern das Ansetzen. Den Eintopf nach dem Andünsten mit dem Deckel fest verschließen und die Hitze stark reduzieren.

Tip: Der Eintopf bekommt mehr Geschmack, wenn aromaschwaches Fleisch zuvor mariniert wird. Auf der Abbildung sind es Würfel von Putenfleisch, die in Sojasauce und in Sherry eingelegt wurden. Die Gemüsemischung besteht aus Möhren, Lauch, Sellerie und frischem Ingwer. Alles miteinander ergibt einen milden Eintopf, frei nach Art der Chinesen.

Dünsten im Tontopf

Seit vielen tausend Jahren werden rund um die Erde die Vorzüge genutzt, Gerichte in Tonformen schmoren zu lassen, und diese sanfte Garmethode ist auch heute empfehlenswerter als viele andere. Im modernen Tontopf können Speisen mit wenig oder ohne Fett und Flüssigkeit langsam im eigenen Saft garen ohne auszutrocknen. Nährstoffe, Vitamine, Saft und Geschmack bleiben erhalten.

Vor jeder Benutzung muß der Tontopf gewässert werden. Beim ersten Mal 30 Minuten, später reichen ca. 10 Minuten. Die Topfhälften erst vor dem Einlegen der Nahrungsmittel aus dem Wasser heben.

Der Tontopf darf grundsätzlich nur im Backofen verwendet werden. Niemals auf eine heiße Kochplatte oder Gasflamme setzen! Außerdem wird er immer in den kalten Backofen gestellt, erst dann die Hitze einschalten.

Ein weiterer Vorteil: Trotz geschlossenem Deckel bräunen die Gerichte. Wem das aber nicht genügt, der läßt das fertige Gericht ohne Deckel kurz nachbräunen.

Auflauf backen

Auflauf – der Eintopf aus der Röhre – ist bei allen beliebt. Bei Anfängern, weil die Planung einfach ist, ebenso wie bei Könnern, die mit wenig Mühe raffinierte Gerichte in der Form herstellen, oder bei Eiligen, die schon morgens den Backofen programmieren, um bei der Rückkehr das Essen fertig vorzufinden.

Was ist ein Auflauf? Eigentlich weiß es ja jeder, und trotzdem ist eine genaue Definition gar nicht so leicht zu finden. Verschiedene Zutaten, soviel ist klar, die in einer offenen Form im Ofen gebakken werden, ähneln mal mehr einem Soufflé oder mehr einem Gratin. Übrigens: Die Franzosen begnügen sich mit den Bezeichnungen Soufflé und Gratin. Was hierzulande ein „Auflauf" ist, wird von ihnen einer der beiden Kategorien zugeschlagen.

Bei uns sind die Begriffe enger gefaßt: „Soufflé" bezeichnet jenes voluminöse, dabei hauchzarte Gebilde mit viel Eischnee, das nach dem Backen so leicht zusammenfällt. Ein Gratin ist für uns etwas Überbackenes, das heißt, der Hauptakzent liegt auf der Kruste.

Sagen wir es so: Ein Auflauf besteht aus einer Masse, die recht homogen sein kann (Quark- oder Grießauflauf), oder sich aus verschiedenen festen Bestandteilen zusammensetzt (Nudelauflauf, z. B.) und beim Backen „aufläuft", also stockt.

Damit's aufläuft: Die Grundzutaten des Auflaufs wie Gemüse, Fleisch, Nudeln oder auch Obst, Quark, usw., werden mit Ei, Milch oder Sahne, Käse oder Stärke vermischt bzw. übergossen. Dadurch verbinden sich diese Zutaten miteinander, und die ganze Sache bekommt „Stand".

Vorbereitung: Beim Backen in der Auflaufmasse werden Lebensmittel wie Gemüse oder Fleisch trotz hoher Backtemperatur und langer Backzeit kaum gar. Sie müssen also entsprechend vorbehandelt sein. Aus diesem Grund ist Auflauf auch zur Resteverwertung geschätzt. Das Vorgaren entfällt, und in der neuen Kombination macht der Braten von gestern wieder Spaß.

Eine appetitliche Kruste soll der Auflauf auch bekommen. Butterflöckchen, geriebener Käse, Semmelbrösel, Mandelblättchen, Zucker usw. garantieren das.

Die programmierte Mahlzeit: Wer einen Backofen mit Zeitschaltung sein eigen nennt, ist mit Aufläufen besonders gut beraten: Am Morgen vorbereitet, in die Form gefüllt und in den eingestellten Backofen geschoben, so findet man mittags oder abends das Essen fertig vor.

Einschränkung: Aufläufe, die Eischnee enthalten, lassen sich natürlich nicht vorprogrammieren. Der Eischnee würde sich beim Stehen wieder verflüssigen.

Nicht zu trocken, nicht zu feucht soll der Auflauf aus dem Ofen kommen. Deshalb muß bei der Vorbereitung bedacht werden, welche Zutaten evtl. noch Flüssigkeit abgeben (das ist vor allem Gemüse) und, welche Feuchtigkeit aufsaugen und damit den Auflauf trocken machen können (Mehl usw.). Beim Vorgaren Gemüse solange erhitzen, bis die Flüssigkeit weitgehend verdampft ist, bzw. gut abtropfen lassen oder ausdrücken (Spinat).

Ei bindet eine ganze Menge Flüssigkeit. 2 Eier z. B. lassen ⅛ l Milch gut stocken. Wenigstens 1 Ei zusätzlich sollte es sein, wenn der Auflauf Gemüse enthält, das beim Backen noch Wasser ziehen kann.

Auf der folgenden Seite das Beispiel „Makkaroniauflauf" in mehreren Variationen: Die gleichen Grundzutaten (Kasseler, Nudeln und Zucchini), mal ganz einfach nur mit Käse-Bröselkruste überbacken, mal etwas üppiger, mit einer Eiermilch übergossen oder mit Béchamelsauce.

Der Aufwand für die Vorbereitung ist minimal. Fleisch und Gemüse müssen nicht vorgegart, nur die Nudeln gekocht werden.
Rezept auf Seite 147.

Für alle Versionen werden die Zutaten gleichermaßen geschichtet: zuunterst die Nudeln, dann das Kasseler und obenauf die Zucchini. Jede Schicht wird mit der Kräutermischung gewürzt. Danach kommt die unterschiedliche Fertigstellung. Gebakken wird bei 200° C auf der zweiten Schiene von unten.

Mit leckerer Kruste: Reibkäse, Semmelbrösel und reichlich Butterflöckchen über den Auflauf verteilen. Im vorgeheizten Backofen ca. 35 Minuten backen. Falls die Farbe der Kruste zu wünschen übrig läßt, am Ende der Garzeit kurz den Infragrill einschalten.

Saftig mit Eiermilch: Eier, Milch, etwas Salz und Pfeffer verquirlen, 1/3 der Kräutermischung einrühren und über den Auflauf gießen. Reibkäse darüberstreuen. Dieser Auflauf hat eine Backzeit von ca. 45 Minuten.

Samtig mit Béchamel: Aus Butter, Mehl und Milch eine Béchamel kochen, mit Muskat würzen und 100 g Reibkäse einrühren. Die Käsesauce mit 1/3 der Kräutermischung verrühren und über die Zucchini verteilen. Restlichen Reibkäse darüberstreuen und den Auflauf ca. 45 Minuten backen.

Gratinieren

Gratin heißt auf französisch die leichte Kruste, die sich unter Hitzeeinwirkung auf der Oberfläche von Gerichten bildet. Gratin wird auch das Gericht selbst genannt, das eine solche Kruste erhält. Gratinieren bedeutet also: überkrusten, überbacken. Das Ergebnis ist immer wohlschmeckend, und die leckere Decke macht neugierig auf das, was darunter steckt.

Natürlich bekommen viele Gerichte im Ofen während des Backens ganz von selbst eine appetitliche braune Kruste. Gerichte ohne Fett werden aber niemals eine schöne Kruste haben, höchstens eine trockene Haut.

Sowohl für die Optik als auch für den Geschmack wird deshalb häufig gezielt gratiniert. Gegarte Gerichte erhalten auf der Oberfläche zusätzlich fettreiche Substanzen und werden bei besonders hoher Temperatur oder unter dem Grill überbacken.

Für eine leckere Kruste kommen verschiedene Zutaten in Frage, die auf das jeweilige Gericht abgestimmt werden.

Fett (Butter, Margarine, Öl, Speck, Knochenmark) und fette Milchprodukte (Schlagsahne, Crème double, Crème fraîche) bräunen hauptsächlich, bilden aber keine dicke Kruste. Dazu braucht man Fett in Verbindung mit Käse und Semmelbröseln.

Saucen bilden eine leckere braune Decke, z. B. Béchamelsauce, mit Reibkäse und Semmelbröseln bestreut. Mornaysauce, eine Béchamel, in der Käse eingerührt und geschmolzen wurde, und die Eiersaucen Béarnaise und Hollandaise.

Eimassen bilden eine schöne Kruste, sind aber gegen zu große Hitze empfindlich und brauchen zusätzlich Fett. Eine günstige Mischung zum Überbacken von Pikantem wie Süßem ist eine Mischung aus Eigelb und Crème fraîche. Eischnee ist die einzige Masse, die ohne Fett überbacken werden kann. Es gibt Baiser mit Zukker oder nur 1 Prise Salz für süße und pikante Gerichte, häufig mit gehackten oder geriebenen Nüssen vermengt oder mit Mandelblättchen bestreut.

Käse ist die Nr. 1

Die herrlichsten braunen Krusten gibt es bei Verwendung von Käse.

Parmesan: Immer frisch reiben und nicht zu viel davon verwenden, weil er leicht scharf schmeckt. Am besten mit mittelaltem Gouda oder Emmentaler mischen. Parmesan allein ist zu trocken, um zu schmelzen. Italiener mischen ihn mit Butter, Sahne oder einer Sauce.

Gereifter Schafskäse, z. B. Pecorino, und alter Gouda werden ähnlich wie Parmesan verwendet.

Emmentaler, Gruyère, junger und mittelalter Gouda und ähnliche Hartkäse haben milden, nussigen Geschmack und schmelzen gut. Sehr junge Hartkäse ziehen allerdings starke Fäden, deshalb zum Gratinieren mit Semmelbröseln vermischen oder in Béchamelsauce rühren.

Edelpilzkäse (Roquefort, Gorgonzola und andere mit blauem Edelschimmel) schmelzen gut und geben der Kruste einen leichten Pilzgeschmack.

Butterkäse und andere halbfeste Schnittkäse sowie Schmelzkäse (Scheibletten, Ecken etc.): Butterkäse in nicht zu dünne Scheiben schneiden und auflegen. Schmelzkäse zergeht noch schneller und ist nur für kurzes, intensives Gratinieren geeignet. Man kann die Käsesorten auch mit Semmelbröseln und Butterflöckchen überziehen oder in Saucen schmelzen lassen.

Mozzarella gibt eine schöne Kruste, schmilzt aber langsam und zieht stark Fäden.

Mascarpone zerfließt beim Erhitzen sofort dünnflüssig wie Sahne und ist deshalb ohne andere Zutaten zum Gratinieren nicht geeignet.

Wichtig: Gratins beim Überbacken nicht zu lange allein lassen – aus Goldbraun wird schnell Schwarz!

Die klassische Gratinkruste: Béchamelsauce, Käse, Semmelbrösel und Butterflöckchen. Man verwendet entweder reine Béchamel und gibt Reibkäse und die anderen Zutaten darüber oder man läßt den Käse in der Béchamel schmelzen.

Mit Kartoffelpüree überbacken: Eine Decke aus Kartoffelpüree sieht besonders appetitlich aus, und das Gericht braucht keine weitere Beilage. Gut geeignet für Aufläufe aus Hackfleisch, Gemüse oder Fisch. Das Püree durch eine weite Sterntülle auf das Gericht spritzen, kurz unter den Grill schieben oder bei hoher Temperatur überbacken.

Eine gute Brühe ist wohltuend für Leib und Seele, und ein guter Suppenkoch macht sich besonders beliebt. Basis für fast alle Gaumenfreuden in diesem Buch sind Brühen aus unterschiedlichen Zutaten. Freilich können Sie Suppenwürfel verwenden oder fertige Fonds aus dem Glas. Aber selbstgekochte Brühe schmeckt besser als erstere Lösung und ist bei größerer Menge preiswerter als die zweite.

Das ABC des Brühekochens ist deshalb eine lohnende Lektion.

Fleischbrühe

Im ABC des Brühekochens ist der Buchstabe „G", wie Geduld, ziemlich wichtig. Eine gute Fleischbrühe gelingt durch sanftes, langes Garen (Köcheln/Simmern) von Fleisch und Knochen, Gemüsen, Kräutern und Gewürzen. Die Suppe kann allerdings während der langen Kochzeit unbeobachtet bleiben.

Das teuerste Fleisch gibt nicht die beste Brühe!
Ideal für eine gute Brühe sind leicht durchwachsene Stücke oder Fleisch mit Fettrand. Fett verstärkt den Fleischgeschmack und klärt die Brühe. Man kann es ja nach dem Kochen abschneiden bzw. die Brühe entfetten. Geeignete Fleischteile sind Hochrippe, Brustspitz, Querrippe oder Haxenscheiben (Ochsenbein).

Um eine Brühe mit 3 l Wasser anzusetzen, brauchen Sie ca. 1 kg Fleisch.

Für eine kräftige Suppe sind die **Knochen** ebenso wichtig wie das Fleisch. Ihre Gallertstoffe, die sich während des Kochens lösen, lassen die Kraftbrühe beim Kaltwerden gelieren. Man nimmt sowohl krause Knochen als auch Markknochen und einige kleine Stücke Ochsenschwanz, insgesamt ca. 500 g.

Das Suppengemüse sollte sich nicht in einem fertig gekauften Bund Suppengrün erschöpfen. Geben Sie frisch geschnittenes Gemüse in großen Stücken dazu:

½ Knollensellerie, 1 Lauchstange, einige Petersilienstengel oder 2 Wurzeln,
2–3 Möhren, 1 Tomate.

Zum Würzen braucht man:

1 gelbe Haushaltszwiebel,
2 Knoblauchzehen, 1 Lorbeerblatt, 3 Nelken, ½ EL Pfefferkörner und evtl. 1 Chilischote, etwas Muskatblüte und einige Trockenpilze.

Zunächst nur 1 TL Salz zugeben, weil die Flüssigkeit einkocht. Lieber erst zuletzt mit Salz abschmecken.

Außer Petersilie sollte man Kräuter sparsam verwenden, damit sie nicht vorschmecken. Am besten bindet man ein kleines Kräutersträußchen, z. B. aus glatter Petersilie, Thymian, Liebstöckel, Bohnenkraut und Lorbeer.

Fleisch und Knochen waschen, in einem großen Topf mit kaltem Wasser bedecken und langsam zum Kochen bringen.

Der aufsteigende Schaum sind geronnenes Eiweiß, Blut und Teilchen aus Fleisch und Knochen. Den Schaum mehrmals abschöpfen

Alle restlichen Zutaten zugeben (Hähnchenleber erst 30 Minuten vor Ende der Garzeit). Suppe schwach salzen und mindestens 2, besser 3 Stunden im halbgeschlossenen Topf köcheln lassen.

Fleisch, Knochen und Gemüse aus dem Topf heben und die Brühe passieren. Das Sieb evtl. mit einem Tuch auslegen, um die Brühe noch zusätzlich zu filtern. Heiße Brühe immer möglichst schnell auskühlen lassen, damit sie nicht sauer wird (besonders im Sommer!). Brühe entfetten, eventuell klären und stärker einkochen.

Kein Muß, aber ein Plus

Noch besser wird die Rindfleischsuppe durch ein billiges Stück vom Kalb, Kalbfleischknochen und durch Hühnerklein. Ebenfalls gut für den Geschmack ist es, die Zwiebel vorher anzurösten. Dazu die Zwiebel quer halbieren, die Schnittflächen auf einer trokkenen, heißen Pfanne kräftig anrösten – am einfachsten geht das in einer beschichteten Pfanne.

Brühe entfetten: Noch heiße Brühe wird mit Hilfe von Küchenkrepp entfettet, das man lagenweise über den Fettfilm auf der Brühe zieht.

Eine Alternative dazu ist der Eisbeutel: Eiswürfel in ein dünnes Mulltuch (Seihtuch) geben und mit diesem Beutel über den Fettfilm fahren. Das heiße Fett wird durch die Kälte fest und bleibt am Tuch hängen.

Viel einfacher ist das Verfahren bei kalten Brühen. Die erstarrte Fettschicht läßt sich ganz einfach abheben. Es lohnt sich, entfettete Brühe auf Vorrat einzufrieren. Sie hält mindestens 6 Monate.

Brühe klären: Nicht nur eine doppelte Kraftbrühe sollte geklärt sein. Je nach Verwendungszweck muß jede Brühe glasklar werden. Die einfachste Methode: 1 Eiweiß auf 1 l Flüssigkeit leicht schaumig schlagen und mit dem Schneebesen in die kalte Brühe mischen. Unter

häufigem Schlagen einmal aufkochen lassen. Dabei bindet das Eiweiß alle Trübstoffe in der Flüssigkeit. Die Hitze reduzieren, dann ein zweites Mal aufkochen und den Topf vom Feuer nehmen. Zuge-

deckt 15 Minuten ruhen lassen, wobei sich der Eiweißkuchen mit den Schwebstoffen von der Brühe trennt. Ein Sieb mit einem feuchten Seihtuch auslegen und die Brühe abgießen.

Brühe anreichern und heiße Brühe klären:
Für eine doppelte Kraftbrühe muß die ursprüngliche Fleischbrühe aromatisch verstärkt und geklärt werden. Um Zeit zu sparen, macht man das gleich mit der heißen Brühe:

Gehacktes Rindfleisch, feingeschnittene Möhren und Lauch in einen weiten Topf legen. Pro 1 l Fleischbrühe 1 Eiweiß leicht schlagen und zugeben. Eiswürfel darüber verteilen und die heiße Fleischbrühe aufgießen. Bei geringster Hitze langsam zum Kochen bringen und in regelmäßigen Abständen umrühren, damit nichts am Topfboden anlegt. Trübstoffe werden sowohl vom fleischeigenen, als auch vom zugegebenen Eiweiß gebunden. Brühe entweder einmal aufkochen und vor dem Abgie-

ßen 15 Minuten ruhen lassen oder, zur stärkeren Konzentration, nach dem Aufkochen 1–1½ Stunden schwach simmern, dann ruhen lassen und durch ein Tuch passieren.

Einfache Kraftbrühe oder *Consommé* heißt passierte, entfettete Fleischbrühe.

Doppelte Kraftbrühe oder *Consommé double:* eine Kraftbrühe, die mit Fleisch und Gemüse angereichert, noch einmal gekocht und dann geklärt wird.

Essenz: heißt eine doppelte Kraftbrühe, die durch Einkochen (Reduzieren) noch kräftiger und aromatischer wird. Alle diese Zubereitungsformen gibt es auch auf der Basis von Lamm, Wild und Geflügel, von Gemüse und Pilzen und selbstverständlich von Fisch. Sie eignen sich als feine Suppen, zum Angießen von Ragouts und anderen Eintöpfen und für Saucen.

Ein typisches Suppenhuhn, von dem die Italiener sagen: „Eine alte Henne gibt eine gute Brühe". Genaugenommen gibt sie nur noch eine gute Brühe. Das Fleisch ist nicht von erster Qualität. Wer außer der Brühe auch reichlich zartes Fleisch möchte, kocht besser eine schwere Poularde. Garzeit 50–60 Minuten.

Das Huhn ausnehmen und gründlich waschen. Die Innereien gegen Ende der Garzeit zur Suppe geben. Fett aus der Bauchhöhle entfernen, das Huhn hat noch genügend Fett unter der Haut.

Suppenhuhn unzerteilt mit soviel kaltem Wasser ansetzen, daß es bedeckt ist. Üblicherweise mit Suppengrün, Knoblauchzehe, Lorbeerblatt, Gewürznelken, Pfefferkörnern und wenig Salz würzen.

Wasser zum Kochen bringen, Schaum abschöpfen und Hitze soweit reduzieren, daß die Suppe schwach köchelt. Zur Garprobe in die Keule stechen.

Hühnerbrühe ist eine feine Sache für Suppen, Eintöpfe und Saucen. Variieren Sie durch Zugabe von Currypulver oder stark aromatischen Küchenkräutern gegen Ende der Garzeit. Von Anfang an mitkochen können Sie die hier abgebildeten Gewürze: Chilischoten, Galangawurzeln, Kardamom, Ingwer, Muskatblüte, Kurkuma, Wacholderbeeren, Kümmel, Liebstöcklsamen, Pimentkörner.

Hühnerbrühe

Die meisten älteren Rezeptbücher gehen von recht zähen Suppenhühnern aus und schreiben Kochzeiten von 2½ bis 3 Stunden vor. So zäh sind Suppenhühner heutzutage nicht, in 1½ Stunden ist in der Regel das Fleisch weichgekocht.

Gefrorene Suppenhühner müssen nicht aufgetaut werden. Allerdings sollten sie in kochendem Wasser angesetzt werden, da sich sonst der Kochprozeß durch das eisige Fleisch unnötig in die Länge zieht.

Fond ist eine konzentrierte Brühe. Je nachdem, ob der Fond hell oder dunkel sein soll, werden die Zutaten im Fett nur angedünstet oder kräftig angeröstet und erst dann mit Wasser aufgegossen. Fonds von Fisch oder Pilzen bezeichnet die klassische Küche häufiger als „Fumet".

Zur Herstellung werden Knochen, Wurzelgemüse und Gewürze sowie die Parüren, also kleine Fleischabschnitte, Hautreste und Sehnen, die beim Zurichten des Fleisches übrigbleiben, verwendet. Knochen und Parüren müssen frisch sein und von bester Qualität. Ein Fond ist keine Restebrühe! Beim Fischfumet sind es Köpfe und Gräten, die beim Auslösen der Filets von rohem Fisch bleiben.

Fonds zuzubereiten ist zwar nicht schwer, aber langwierig. Deshalb empfiehlt es sich, gleich eine größere Menge auf Vorrat zu kochen und portionsweise einzufrieren.

Heller Fond

1 kg Knochen und Parüren von Rind, Kalb, Geflügel), 2 Möhren, 1 Zwiebel, 1 Petersilienwurzel, 1 Stück Lauch, 2 Knoblauchzehen, 1 Chilischote, 1 Lorbeerblatt, 1 Glas Weißwein, 2 Zweige Thymian, 1 Stengel Liebstöckel, Petersilienzweige, je 1 TL Pfefferkörner und Wacholderbeeren, zerdrückt, 1 TL Salz.

Im Gegensatz zum dunklen Fond werden hier die Knochen, Geflügelteile und Gemüse nicht angeröstet, sondern im geschlossen Topf bei mittlerer Hitze in Öl gedünstet, bis alles eine leicht gelbliche Farbe angenommen hat. Dann mit kaltem Wasser aufgießen und bei milder Hitze ca. 3 Stunden köcheln lassen. Bei Geflügelfond die Leber gegen Ende der Kochzeit zugeben.

Dunkler Fond

4 EL Öl, 1 kg Knochen und Parüren (von Rind und Kalb, Lamm oder Wild, Ente oder Wildgeflügel), 2 Möhren, 1 Zwiebel, 1 Petersilienwurzel, 1 Stück Lauch, 2 Knoblauchzehen, 1 Chilischote, 1 Lorbeerblatt, 1 Glas Rotwein, 2 Zweige Thymian, 1 Stengel Liebstöckel, Petersilienzweige, je 1 TL Pfefferkörner, Pimentkörner und Wacholderbeeren, zerdrückt, 1 große Tomate oder 1 EL Tomatenmark, 1 TL Salz.

Backofen auf 250° C vorheizen, Öl in die Fettpfanne geben und erhitzen. Die Knochen abwischen, aber nicht waschen und mit den Parüren im heißen Öl rundherum anrösten.

Grobgeschnittenes Gemüse ca. 15 Minuten mitrösten. Mit etwas kaltem Wasser ablöschen, den Bratensatz dabei lösen und noch einmal rösten. Nach weiteren 15 Minuten das Ablöschen mit Rotwein wiederholen, Kräuter und Gewürze zugeben und den Pfanneninhalt in einen weiten Kochtopf umfüllen.

Kaltes Wasser aufgießen, bis die Knochen bedeckt sind, die Tomate zugeben. Bei schwacher Hitze aufkochen und auf dem Siedepunkt halten. Der Fond soll wie jede gute Brühe nur köcheln, nicht sprudelnd kochen. Wichtig ist, das Abschäumen so oft wie nötig zu wiederholen.

Die Brühe 3–4 Stunden köcheln lassen und dabei den Wasserstand halten, d. h. immer wieder mit heißem Wasser ergänzen. Gegen Ende der Kochzeit das Salz zugeben. Lieber zuwenig als zuviel, weil sich beim anschließenden Reduzieren der Geschmack verstärkt. Den fertigen Fond abgießen und durch ein feuchtes Tuch passieren, danach ist er für die meisten Zwecke genügend rein.

Fischfumet

Für diesen Fond „weißes" Gemüse verwenden:

1 große Zwiebel, 1 Lauchstange, 1 kleines Stück Knollensellerie, 1 Petersilienwurzel,
1,5 kg Fischgräten, -köpfe und -abfälle, 1 EL Butter, ½ l Weißwein, ½ Zitrone ohne Schale, 1 Knoblauchzehe, 1 Lorbeerblatt, 2 Stengel Dill, 1 TL weiße Pfefferkörner.

Gemüse von Zwiebel bis Petersilienwurzel putzen bzw. schälen und grob schneiden. Alles vom Fisch gründlich kalt abspülen.

Butter in einem Topf zerlassen und das Gemüse darin hellgelb andünsten. Mit dem Weißwein ablöschen und 1,5 l Wasser auffüllen.

Fischgräten und -köpfe, geschälte Zitronenscheiben, abgezogene, halbierte Knoblauchzehe, Lorbeerblatt und Dill einlegen und die Brühe einmal aufkochen lassen. Dann 15 Minuten köcheln lassen und ab und zu abschäumen. 5 Minuten vor Ende der Kochzeit die Pfefferkörner mit der Teigrolle oder im Mörser zerdrücken und zugeben.

Hitze abschalten, Topf zudecken und den Fumet weitere 10 Minuten ziehen lassen. Dann abgießen und je nach Verwendung reduzieren und/oder klären. Bis zur weiteren Verarbeitung kühl stellen oder einfrieren.

Erst bei Verwendung entsprechend salzen!

Gemüsefond

Man kann auch ohne Fleisch und Knochen, nur aus Gemüsen, einen sehr aromatischen Fond kochen, um damit Fleisch- und Fischgerichte anzugießen.

3 Möhren, 1 weiße Rübe (Navet), 1 Lauchstange, 1 Stengel Staudensellerie, 1 mittelgroße Zwiebel, 1 Knoblauchzehe, 1 Kräutersträußchen, 1 TL Pfefferkörner, grob gestoßen, 1 l Wasser.

Die kleingeschnittenen Gemüse mit dem kalten Wasser aufsetzen und auf schwacher Hitze langsam zum Kochen bringen. Weitere 15 Minuten köcheln lassen und durch ein feines Haarsieb gießen. Nach dem Abkühlen im Eiswürfelbehälter auf Vorrat einfrieren.

Um einer Suppe oder einem zu flüssig geratenen Eintopf eine sämige Konsistenz zu verleihen, bedarf es gewisser Hilfsmittel, die einzeln – besser noch im Verbund – angewandt werden. Diese Bindemittel können in vier Gruppen unterteilt werden:

1. Reine Stärke und überwiegend stärkehaltige Produkte wie Mehl, Semmelbrösel, Brot
2. Eigelb
3. Milchprodukte: Schlagsahne, Milchpulver
4. Pürierte Gemüse, Püreeflocken

Stärke und Mehl

Die vermutlich älteste Methode, Flüssigkeiten anzudikken, besteht in der Zugabe von Stärke, zunächst in Form von Mehl und Brot, später auch als reine Stärke.

Vorteil der Methode: Sie erzeugt recht stabile Bindungen, es besteht keine Gefahr des Gerinnens, obwohl beachtet werden muß, daß zu langes Kochen und heftiges Rühren die Flüssigkeit wieder ausdünnen können.

Nachteil: Zur geschmacklichen Verfeinerung einer Speise trägt Mehl nicht gerade bei. Reine Stärke ist immerhin geschmacksneutral. Graubrot, wo es hineinpaßt, kann noch am ehesten für sich beanspruchen, nicht nur die Konsistenz, sondern auch den Geschmack eines Gerichts positiv zu beeinflussen.

Reine Stärke ist nicht nur geschmacksneutral, sie trübt auch die Flüssigkeit, die sie bindet kaum, im Unterschied zu Mehl. Stärke wird also immer dann eingesetzt, wenn die Flüssigkeit transparent bleiben soll.

Bei uns im Handel üblich sind Weizen- und Maisstärke. Alte und ausländische Rezepte geben häufig Reis- und Kartoffelstärke an (Reis-/Kartoffelmehl) oder „Arrowroot" (Pfeilwurz), eine Stärke aus Wurzelstöcken und Knollen tropischer Pflanzen. Alle diese Bindemittel können durch übliche Speisestärke ersetzt werden.

Kalorienarm ist ein pflanzliches Bindemittel aus dem Reformhaus auf der Basis von vermahlenen Johannisbrotkernen.

Zum Binden die Speisestärke mit wenig kaltem Wasser oder einer anderen fettfreien Flüssigkeit glattrühren. Hitze unter der kochenden Suppe zurückschalten oder den Topf vom Herd ziehen. Speisestärke einrühren, die Suppe nur einmal aufkochen lassen. Wenn schon ein Ei in der Suppe enthalten ist, darf sie nicht mehr aufkochen – Speisestärke bindet auch bei 90° C!

Mehl enthält neben der Stärke rund 10 Prozent Eiweiß, wodurch mehlgebundene Flüssigkeiten milchigtrüb erscheinen. Im Gegensatz zu Stärke hat Mehl einen unerwünschten, pappigen Eigengeschmack, der aber durch Anschwitzen in Butter und durch längeres Ausquellen verlorengeht.

Die beste Art, mit Mehl anzudicken, geschieht auf der Basis einer hellen oder braunen Mehlschwitze (Einbrenne).

In einem Topf mit dickem Boden (legt weniger an!) die Butter bei mittlerer Hitze schmelzen und aufschäumen lassen. Das gesiebte Mehl zugeben.

Das Mehl anschwitzen. Es ist wichtig, bei schwacher Hitze ständig zu rühren, damit die Färbung des Mehls möglichst langsam vor sich geht.

Die kalte Flüssigkeit zugießen und kräftig rühren, damit sich keine Klümpchen bilden. Die Sauce unter ständigem Rühren einmal aufwallen lassen, dann die Hitze reduzieren.

Die Sauce möglichst 30 Minuten köcheln lassen, damit die Mehlstärke Zeit zum Ausquellen hat. Dabei immer wieder umrühren. Zuletzt nach Rezept würzen oder mit Salz, weißem Pfeffer und frisch geriebener Muskatnuß.

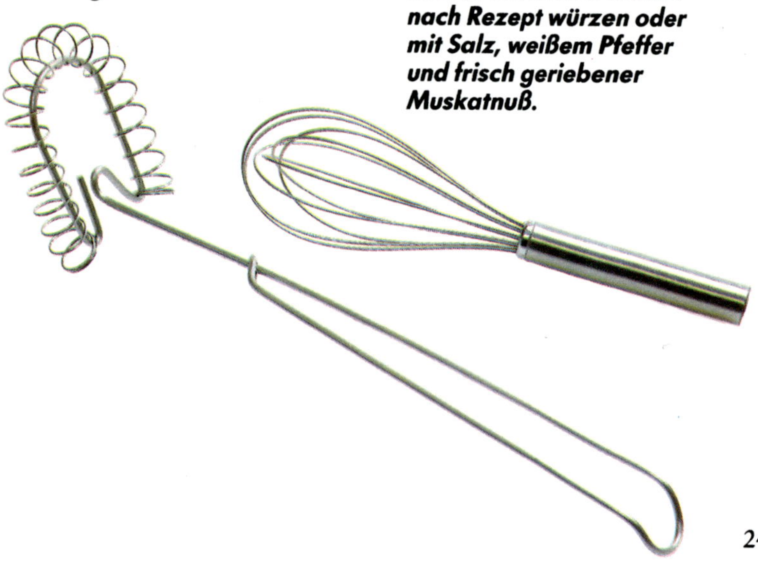

Mehlschwitze

So einfach ist das: Mehl wird in heißes Fett eingerührt und angeschwitzt. Dadurch wandelt sich die Stärke chemisch um, und der unangenehme Mehlgeschmack verliert sich. Deshalb ist die Mehlschwitze als Bindung der Mehlbutter und dem mit Wasser angerührten Mehl geschmacklich vorzuziehen. Es gibt weiße, blonde und braune Mehlschwitzen. Die Färbung ergibt sich durch die Dauer des Anröstens von Mehl in Fett. Wenn die Mehlschwitze glattgerührt ist und die gewünschte Farbe hat, wird mit Flüssigkeit aufgegossen.

Die alte Faustregel für Mehlschwitze gibt Fett und Mehl zu gleichen Teilen an. Z. B. 2 EL Butter und 2 EL Mehl auf ½ l Flüssigkeit. Es ist besser, etwas weniger Fett als Mehl zu nehmen und außerdem die Mengen von beiden im Verhältnis zur Flüssigkeit zu reduzieren. Dafür sollte man die Sauce möglichst lang ausquellen lassen.

30 g Butter, 35 g Mehl,
½ l Flüssigkeit (Brühe oder
Milch oder halb und halb).

Braune Mehlschwitze: Das Mengenverhältnis ist wie bei der weißen. Das Mehl wird so lange gerührt und geröstet, bis eine haselnußbraune Mehlschwitze entsteht. Aber aufpassen, daß sie nicht zu dunkel wird, sonst schmeckt sie bitter!

Die Flüssigkeit zum Aufgießen ist heller oder brauner Fond.

Mehlbutter

Das ist eine Mehl-Buttermischung, die während des Kochens an die Speise gegeben wird. Mehl mit der gleichen Menge Butter zu einem kleinen Kloß kneten und im ganzen oder flöckchenweise unter die Flüssigkeit rühren. Vorteil der Methode: Suppen und Eintöpfe können noch kurz vor Fertigstellung korrigiert werden.

Eigelb

Wenn in Kochbüchern von „legieren" die Rede ist, heißt das nichts anderes als binden, und meistens ist das Anreichern mit Eigelb gemeint.

Sahne bringt allerdings zusätzlich Flüssigkeit an das Gericht.

Wünscht man besonders sämige Konsistenz, läßt man entweder die mit Sahne gebundene Flüssigkeit auf starker Hitze und unter Rühren einkochen oder man reduziert die Sahne vor dem Binden auf etwa die Hälfte. Auch Crème fraîche kann auf mittlerer Hitze reduziert werden, aber Vorsicht: Crème fraîche flockt leicht aus!

Suppen mit geschlagener Sahne

Suppen werden in der Neuen Küche, wo schaumige, duftige Suppen Trumpf sind, vorzugsweise mit Sahne gebunden. Entweder wird die Suppe gleich mit reichlich Sahne gekocht und zum Schluß mit dem Rührgerät aufgeschlagen, oder unter die fertige Suppe wird unmittelbar vor dem Servieren steifgeschlagene Sahne gehoben.

Kalorienarm ist das Binden mit Milchpulver, das wie Stärke angerührt werden muß, damit es nicht klumpt.

Damit Eigelb Suppen oder Saucen wirklich cremige Konsistenz verleiht, bedarf es allerdings einer ganzen Menge davon: 3 Eigelb, mit 200 g Schlagsahne angerührt, dikken ½ l Flüssigkeit an.

Wichtig: Bevor das Eigelb bzw. die Ei-Sahne oder Ei-Milchmischung eingerührt ist, den Topf von der Kochstelle ziehen und ein wenig abkühlen lassen. Noch sicherer: Einige Eßlöffel heiße Flüssigkeit in die Ei-Sahne rühren und diese Mischung in den Topf geben. Eigelb gerinnt nicht erst beim Siedepunkt, es kann schon bei ca. 80° C ausflocken. Die Suppe darf nach dem Binden selbstverständlich nicht mehr aufgekocht werden. Mit Ei wird also immer erst kurz vor dem Servieren legiert.

Übrigens: Wissenschaftler, die sich ausgiebig mit dem Saucenrühren beschäftigt haben, wissen inzwischen auch ganz genau wieso das Eigelb möglichst frisch sein muß: Das darin enthaltene Lezithin, das vorzügliche Bindekraft besitzt, schwindet mit zunehmendem Alter des Eis.

Sahne

Die Bindung, die mit Sahne erreicht wird, ist längst nicht so stabil wie die Mehlbindung, wegen des feinen Geschmacks ist sie jedoch oft vorzuziehen.

Schlagsahne bindet, je fetter, desto besser: Crème fraîche also besser als Schlagsahne, Crème double mehr als Crème fraîche.

Pürierte Gemüse

Schon unsere Urgroßmütter passierten die Zwiebeln und Wurzeln, die den Braten in die Röhre begleitet hatten, und reicherten mit diesem Mus die Sauce an.

Besonders geschätzt wird Püriertes in Gemüsesuppen.

Wählen Sie ein Püree, das das Gericht geschmacklich ergänzt, z. B. pürierte Hülsenfrüchte, Wurzelgemüse, feingeriebene, rohe Kartoffeln oder für Saucen leicht säuerliches Apfelmus.

Kalorienarm und blitzschnell ist das Binden mit Kartoffelpüreeflocken.

Eine ziemlich leere Brühe, eine etwas einseitige Gemüsesuppe oder ein langweiliger Eintopf aus den Resten von gestern – so etwas kommt in den besten Familien vor. In all diesen Fällen sind die unterschiedlichsten Einlagen die rettende Lösung. Aber die leckeren Teilchen wollen nicht nur Nothelfer sein – bewußt eingesetzt, sind sie die raffinierte Ergänzung, das Tüpfelchen auf dem i, in jedem köstlichen Suppentopf.

Stars unter den Suppeneinlagen sind Klößchen und Nockerl, Schöberl, Spatzen, Eierstich und wie sie alle heißen, selbsthergestellt – natürlich!

Keine großen Zubereitungskünste erfordern folgende Einlagen:

- Kleingeschnittenes Gemüse und/oder Nudeln in einer Brühe mit Fleischeinlage
- Nudeln in allen Formen und Farben in Suppen und Eintöpfen mit klarer Brühe
- fertig gekaufte Teigtaschen (Ravioli, Tortellini, Maultaschen) in allen Suppen und Eintöpfen, die nicht schon eine sehr stärkehaltige Zutat haben
- Reis macht aus der Hühnersuppe einen sättigenden Eintopf
- geröstetes Brot für alle Arten von Suppe, z. B. mit Förmchen ausgestochene Minicroûtons
- Gerste, Graupen, Sago, Grünkernmehl, Grieß usw., in Brühe gekocht, geben ihr eine Bindung, die durch Eigelb zu ergänzen ist
- Krabben/Krebsschwänze und ähnliches in Kräutersuppe oder Gemüsesuppe
- Würstlscheiben/Cocktailwürstchen z. B. in Kartoffelsuppe und in Töpfen mit Hülsenfrüchten
- Ei, mit wenig Mehl und Wasser verrührt, langsam in kochende Brühe einlaufen lassen (Einlaufsuppe)

Leberspatzen

4 Portionen

100 g Leber, 60 g Butter, 2 kleine Eier, 1 kleine Zwiebel, 80 g Semmelbrösel, Salz, Pfeffer, 1 EL gehackte Petersilie, etwas Majoran, geriebene Schale von ½ Zitrone.

Leber von Häutchen befreien. Weiche Butter schaumig rühren, mit den Eiern verquirlen. Leber und Zwiebel mit dem Messer grob zerkleinern. Alle Zutaten kurz mit dem Pürierstab durcharbeiten.

Masse durch ein Spätzlesieb oder einen Durchschlag mit runden Löchern in die kochende Suppe tropfen lassen.

Nährwerte pro Portion	
Kilokalorien:	*270*
Kilojoule:	*1130*
Eiweiß/g:	*11*
Kohlenhydrate/g:	*16*
Fett/g:	*17*
Ballaststoffe/g:	*1*

Für Leberklößchen:
Derselben Mischung nur 1 Ei zugeben. Masse 30 Minuten quellen lassen, mit einem Löffel Nocken abstechen und mit nassen Händen zu Klößen formen.

Hechtklößchen

Eine hervorragende Ergänzung in Suppen und Eintöpfen mit Meeresfrüchten und Gemüse. Die Masse ist in der Herstellung etwas langwierig, läßt sich aber gut einfrieren, deshalb lohnt die Herstellung der doppelten Menge.

6 Portionen

500 g Hechtfleisch, ausgelöst (von einem gut 1 kg schweren Hecht), 1 gestrichener TL Salz, ¼ TL weißer Peffer, Eiweiß von 3 kleinen Eiern, 350 g Schlagsahne

Sud:
1,5 l Fischfond, ½ l Weißwein

Gut gekühltes Hechtfleisch in Streifen schneiden, salzen und pfeffern. Portionsweise pürieren (z. B. in der Moulinette) und dabei das Eiweiß nach und nach zugeben.

Die Masse kühlen, dann durch ein Sieb in eine gekühlte Schüssel streichen. Sahne einrühren. 1 Stunde ruhen lassen.

Mit 2 Teelöffeln Klößchen formen und in der erhitzten Mischung aus Fischfond und Weißwein ca. 8 Minuten garziehen lassen.

Nährwerte pro Portion	
Kilokalorien:	*340*
Kilojoule:	*1400*
Eiweiß/g:	*22*
Kohlenhydrate/g:	*5*
Fett/g:	*23*
Ballaststoffe/g:	*0*

Milzschöberl

6 Portionen

2 entrindete Brötchen, 100 g Milz, 50 g Butter, 1 Ei, ½ kleine Zwiebel, Majoran, Muskat, Salz und Pfeffer.

Brötchen in Wasser oder Milch einweichen und gut ausdrücken, mit der geschabten oder pürierten Milz (gibt es fertig beim Metzger) verrühren. Die weiche Butter, das Ei, die fein gehackte Zwiebel und alle Gewürze zugeben und zu einer schaumigen Masse verarbeiten. Schöberlmasse auf Backtrennpapier auf einem Blech gut fingerdick ausstreichen und im vorgeheizten Backofen bei 180° C 15 Minuten backen. Nach dem Auskühlen in Rauten schneiden. Schöberl können auch mit Hirn, Mark oder Leber hergestellt werden.

Nährwerte pro Portion	
Kilokalorien:	130
Kilojoule:	560
Eiweiß/g:	5
Kohlenhydrate/g:	7
Fett/g:	9
Ballaststoffe/g:	0

Markklößchen

4 Portionen

½ altbackenes Brötchen, 40 g Mark, 1 kleines Ei, Salz, weißer Pfeffer, Muskat, 40 g Semmelbrösel, 1 EL gehackte Petersilie, 1 l gute Fleischbrühe.

Brötchen einweichen und sehr gut ausdrücken. Mark fein hacken, mit dem ausgedrückten Brötchen und dem Ei mischen. Mit Salz, Pfeffer und einer Spur Muskat würzen. Semmelbrösel, Petersilie und Majoran zufügen.

Zum Portionieren der Klößchen ist es praktisch, sie mit wenig Mehl zu einer langen Wurst zu rollen und davon Stücke abzuschneiden. Stücke zu Kugeln drehen und in Salzwasser oder Brühe garziehen lassen, ca. 7 Minuten.

Nährwerte pro Portion	
Kilokalorien:	*100*
Kilojoule:	*410*
Eiweiß/g:	*6*
Kohlenhydrate/g:	*11*
Fett/g:	*2*
Ballaststoffe/g:	*1*

Tip: Damit sich eine schöne, klare Brühe nicht trübt, stärkereiche Einlagen wie Reis und mehlhaltige Klöße getrennt in Salzwasser garen und erst fertig gekocht der Bouillon zugeben.

Bei Klößchen immer ein Probeexemplar anfertigen und garen. Nicht in der guten Brühe natürlich, denn sonst würden sich die schwimmenden Überreste von zerfallenen Klopsen nicht sehr hübsch ausnehmen. Gleichgültig, um welche Einlage es sich handelt: Petersilie oder Schnittlauch zum Bestreuen sollten nie fehlen.

Grießnockerl

4 Portionen

30 g weiche Butter, 1 Ei, Salz, Muskat, 85 g Hartweizengrieß.

Butter schaumig rühren und gut mit dem Ei, etwas Salz, 1 Prise Muskat und dem Grieß verrühren.

Mit dem Teelöffel Nockerl abstechen und sofort in die köchelnde Brühe einlegen. Garzeit 20 Minuten. Anschließend bei abgeschaltetem Herd noch 10 Minuten ziehen lassen.

Nährwerte pro Portion	
Kilokalorien:	*156*
Kilojoule:	*650*
Eiweiß/g:	*4*
Kohlenhydrate/g:	*15*
Fett/g:	*8*
Ballaststoffe/g:	*1*

Hirnbatzl

4 Portionen

100 g Hirn, 50 g Butter, Salz, Pfeffer, Muskat, 1 Knoblauchzehe, gepreßt, geriebene Schale von ½ Zitrone, 2 Eier, 80 g Semmelbrösel.

Gehäutetes Hirn fein wiegen, Butter schaumig rühren, mit Hirn und den Gewürzen vermengen. Eier und Semmelbrösel unterrühren, 15 Minuten quellen lassen. Mit einem Teelöffel „Batzl" abstechen, in der nassen Handfläche formen und in Fleischbrühe garziehen lassen.

Nährwerte pro Portion	
Kilokalorien:	*250*
Kilojoule:	*1050*
Eiweiß/g:	*8*
Kohlenhydrate/g:	*15*
Fett/g:	*16*
Ballaststoffe/g:	*1*

Eierkuchen

8–10 Eierkuchen

120 g Mehl, 200 ml Milch, 100 ml Wasser, je 1 Prise Salz und Zucker, 3 Eier, 2 EL Öl.

Zum Färben und Würzen:
1 EL Tomatenmark oder
1–2 EL pürierter Spinat (gut trockengedünstet) oder
2 EL gehackte Kräuter oder
1 g Safranpulver, Fett zum Ausbacken, falls die Pfanne nicht beschichtet ist.

Da Eierkuchen ideal zum Einfrieren sind, sollten Sie gleich ein paar mehr backen.

Nährwerte pro Portion	
Kilokalorien:	*270*
Kilojoule:	*1120*
Eiweiß/g:	*10*
Kohlenhydrate/g:	*25*
Fett/g:	*13*
Ballaststoffe/g:	*1*

Mehl in eine Schüssel sieben, Milch und Wasser vermischen und mit dem Schneebesen in das Mehl rühren. Salz und Zucker zugeben und den Teig mindestens 30 Minuten quellen lassen.

Danach Eier, Öl und die weitere Zutat zum Färben einrühren. Der Teig soll schön glatt sein.

Zum Backen die Pfanne erhitzen und, falls sie nicht beschichtet ist, auch das Fett erhitzen. Überschüssiges Fett abgießen. Dann die Pfanne etwas schräg halten, den Teig mit einem Schöpflöffel hineingießen – dabei soll es zischen – und die Pfanne so schwenken, daß sich der Teig gleichmäßig und dünn verteilt.

Warten bis die Unterseite leicht gebräunt ist, der Teigrand sich kräuselt und die Oberfläche matt wird. Dann den Eierkuchen mit einer Palette wenden und bei reduzierter Hitze fertigbacken. Falls Sie mit Fett backen, oder bei sehr vielen Kräutern im Teig, sollten Sie beim Wenden noch etwas Fett zugeben.

Fertiggebackene Eierkuchen warm aufrollen. Die ausgekühlten Rollen können eingefroren werden. Als Suppeneinlage die Eierkuchenrolle in dünne Scheiben schneiden.

Eierstich

4 Portionen

2 Eier, je 1 Prise Salz und Muskat, 100 ml Milch oder Schlagsahne.
Zum Färben und Würzen:
1 EL sehr fein gehackte Kräuter oder pürierter Spinat,
1–2 TL Tomatenmark,
½ TL Currypulver oder
1 g Safranpulver, Butter für die Form.

Alle Zutaten gut miteinander verquirlen. Ein flaches Gefäß, z. B. eine feuerfeste Glasform oder einen Suppenteller, fetten und die Eimasse einfüllen.

In einem Topf oder einer tiefen Deckelpfanne das Wasserbad einmal aufkochen, dann auf kleinste Hitze zurückschalten. Die Form mit der Eimasse in das Wasserbad setzen, Deckel fest schließen und 30–40 Minuten garen.

Den gestockten Eierstich (Garprobe!) aus der Form stürzen und in Würfel, Streifen oder Rauten schneiden.

Nährwerte pro Portion	
Kilokalorien:	*80*
Kilojoule:	*340*
Eiweiß/g:	*4*
Kohlenhydrate/g:	*2*
Fett/g:	*6*
Ballaststoffe/g:	*0*

Schwemmklöße und Backerbsen aus Brandteig

8 Portionen

¼ l Wasser, 1 Prise Salz, 60 g Butter, 125 g Mehl, 3 Eier, Gewichtsklasse III.

Für **Schwemmklöße:** Brandteig mit 2 Teelöffeln zu kleinen Klopsen formen und in Brühe garziehen lassen. Probekloß in Salzwasser!

Für **Backerbsen:** Brandteig mit der Lochtülle in erbsengroßen Tropfen in heißes Fett spritzen und knusprig ausbacken. Mit der Schaumkelle herausheben und auf Küchenkrepp abtropfen lassen.

Nährwerte pro Portion	
Kilokalorien:	*148*
Kilojoule:	*620*
Eiweiß/g:	*4*
Kohlenhydrate/g:	*12*
Fett/g:	*9*
Ballaststoffe/g:	*0*

In einem Topf Wasser mit Salz und Butter zum Kochen bringen. Hitze zurückschalten und das gesiebte Mehl auf einmal zuschütten.

Mit dem Holzlöffel gründlich einrühren. Auf mittlere Hitze hochstellen.

Rühren, bis sich ein dicker Kloß gebildet hat, und der Topfboden mit einem weißen Film überzogen ist.

Den Teigkloß in eine kalte Rührschüssel umfüllen. Mit dem elektrischen Rührer oder Schneebesen die Eier einzeln unterrühren. Jedes Ei muß vollkommen von dem Teig aufgenommen sein, bevor das nächste Ei eingearbeitet wird. Der Teig ist dann richtig, wenn er glänzt und in Spitzen schwer vom Löffel fällt.

Ungarische Gulaschsuppe

Die Gulaschsuppe darf nicht mit dem Gulasch verwechselt werden; letzteres wird ohne Wurzelwerk, aber mit der doppelten Menge Kartoffeln zubereitet.

4 Portionen

400 g Rinder- oder Schweinekeule, 200 g Zwiebeln, 3 EL Schmalz oder Öl, 1 TL Rosenpaprika, Salz, 1 Tomate, 1 grüne Paprikaschote, 200 g Möhren und Petersilienwurzeln gemischt, geputzt und in Scheiben geschnitten, 300 g Kartoffeln, geschält und in Stücke geschnitten, ½ TL Kümmel, 1 große grüne Pfefferschote, in Ringe geschnitten.

Das Fleisch waschen, trocknen und in 2 cm große Würfel schneiden. Zwiebeln abziehen und würfeln. In heißem Öl zugedeckt dünsten, mit Paprika bestreuen und sofort vom Herd nehmen, da das Paprikagewürz sonst bitter wird.

Fleischwürfel dazugeben und bei starker Hitze unter ständigem Rühren kräftig anbraten. Dann zugedeckt bei mittlerer Hitze schmoren, schwach salzen.

Tomate achteln, Paprika entkernen und in Ringe schneiden und in den Topf geben. Das Fleisch soll möglichst im eigenen Saft schmoren, dadurch erhält das Gericht seinen charakteristischen Geschmack. Immer nur ganz wenig Wasser zugeben.

Wenn das Fleisch fast gar ist, das Wurzelwerk und die Kartoffeln dazugeben. Mit 1½ l Wasser aufgießen, mit Kümmel würzen und alles butterweich kochen. Eventuell nachsalzen.

Die Gulaschsuppe mit der Pfefferschote garnieren. Dazu frisches, knuspriges Brot reichen.

Nährwerte pro Portion	
Kilokalorien:	*310*
Kilojoule:	*1300*
Eiweiß/g:	*24*
Kohlenhydrate/g:	*19*
Fett/g:	*17*
Ballaststoffe/g:	*6*

Borschtsch

4 Portionen

500 g Beinscheibe vom Rind, 500 g Rinderknochen, Pfefferkörner, 1 Lorbeerblatt, Salz, 400 g rote Beten, 50 g Butter, Zucker, 50 g Tomatenmark, Saft von 1 Zitrone, 1 kleine Zwiebel, gehackt, 50 g Petersilienwurzeln, in dünne Stifte geschnitten, 300 g Weißkohl, 2 l Brühe, Pfeffer, 1 EL saure Sahne.

Fleisch und Knochen waschen und mit 2½ l Wasser, den Gewürzen und 1 TL Salz aufsetzen und bei mittlerer Hitze köcheln lassen.

Das Fleisch herausnehmen und warmstellen. Knochen auslösen und die Brühe in einen anderen Topf seihen.

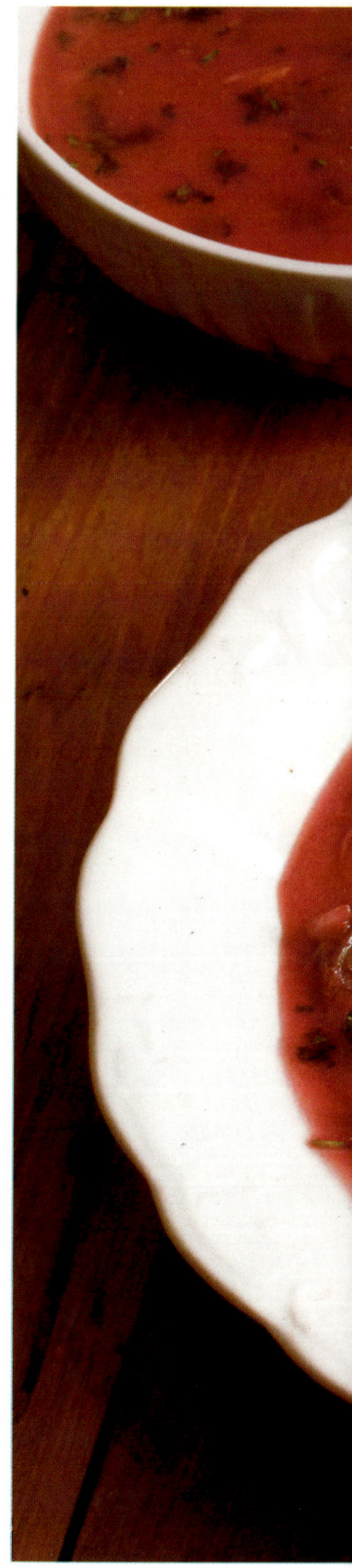

Rote Beten gründlich waschen, abziehen und in dünne Streifen schneiden. In einem mittleren Topf die Hälfte der Butter erhitzen, rote Beten hineingeben, 20 g Zucker und Tomatenmark zufügen und mit Zitronensaft beträufeln, damit sie die rote Farbe behalten. Einige Minuten anbräunen, dann zugedeckt bei mäßiger Hitze im eigenen Saft gardünsten.

Im restlichen Fett die Zwiebel anschwitzen, Petersilienwurzel hineingeben und einige Minuten andünsten.

Inzwischen den Weißkohl waschen, vierteln, und den Strunk herausschneiden. Kohl in kleine Stücke teilen und zugeben, mit der Fleischbrühe auffüllen, salzen und pfeffern und zugedeckt bei mittlerer Hitze weichkochen. Die gedünsteten roten Beten mit dem Saft zufügen. Mit saurer Sahne binden. Süßsauer mit Zitronensaft und Zucker abschmecken. Nochmals salzen und pfeffern.

Fleisch in mundgerechte Stücke schneiden und in die Suppe geben. Petersilie waschen, feinhacken und über die Suppe streuen. Heiß servieren.

Variante:
Den Weißkohl ganz oder zum Teil durch Sauerkraut ersetzen.

Nährwerte pro Portion	
Kilokalorien:	*340*
Kilojoule:	*1420*
Eiweiß/g:	*22*
Kohlenhydrate/g:	*21*
Fett/g:	*17*
Ballaststoffe/g:	*5*

Minestrone

Der Inbegriff von Gemüsesuppe ist die italienische Minestrone. Sie trägt ihren Namen „Große Suppe" zu recht: Minestrone ist die Vergrößerungsform von Minestra = Suppe. In ihr verarbeiten italienische Hausfrauen alles, was Gemüsegarten und Markt hergeben. Typisch für die Minestrone: Sie enthält immer auch Teigwaren oder Reis oder Graupen. Hier das Rezept für eine Mailänder Minestrone mit Reis.

4 Portionen

1 Kartoffel, 2 Möhren, 1 Petersilienwurzel, 3 Stengel Staudensellerie, 2 Zucchini, 100 g Erbsen, 2 Lauchstangen, 3 Weißkohlblätter, 2 Tomaten, 100 g geräucherter Schweinebauch, 1 große Zwiebel, 2 Knoblauchzehen, 3 EL Öl, 100 g frische Bohnenkerne oder getrocknete Bohnen, eingeweicht und vorgekocht, 1½ l schwach gesalzene Gemüse- oder Fleischbrühe, 1 Kräutersträußchen aus: Lorbeerblatt, Petersilie, Basilikum, Thymian, Rosmarin, Salz, Pfeffer.

Zum Garnieren:

1 Bund glatte Petersilie, gehackt.

Alle Gemüse waschen, schälen oder putzen, dann würfeln bzw. gleichmäßig schneiden, wie es die Abbildung mit den rohen Zutaten zeigt. Kohlblätter halbieren und in Streifen schneiden, Tomaten häuten, entkernen und sechsteln oder achteln.

Schweinebauch würfeln. Zwiebel und Knoblauchzehen abziehen und fein hacken. Das Öl in einem weißen Topf erhitzen, Schweinebauch darin ausbraten, Zwiebel und Knoblauch andünsten.

Zunächst die härteren Gemüsesorten 5 Minuten unter Rühren andünsten, dann die zarteren Gemüse und die vorgekochten Bohnenkerne zugeben. Weitere 3 Minuten dünsten und die heiße Brühe zugießen. Die Suppe einmal aufkochen lassen, den Reis einstreuen und das Kräutersträußchen einlegen. Die Suppe im halbbedeckten Topf ca. 20 Minuten schwach simmern lassen, bis der Reis eben gar ist.

Das Kräutersträußchen aus der fertigen Suppe entfernen. Minestrone mit Salz und Pfeffer abschmecken und mit gehackter Petersilie bestreuen.

Nährwerte pro Portion	
Kilokalorien:	*410*
Kilojoule:	*1710*
Eiweiß/g:	*10*
Kohlenhydrate/g:	*20*
Fett/g:	*30*
Ballaststoffe/g:	*8*

NAGYRÉDEI
SZŐLŐSKERT MGTSZ

Gemüsesuppe mit Leber

4 Portionen

1,5 l Fleischbrühe, 600 g gemischtes Gemüse der Saison, z. B. grüne Erbsen, Staudensellerie, Petersilienwurzeln, Lauch, Möhren, 100 g Räucherspeck, 1 große Zwiebel, 1 Knoblauchzehe, 400 g Geflügelleber, 1 Prise Salbei, 3 Blättchen Pfefferminze, frischgemahlener schwarzer Pfeffer, ⅕ l vollmundiger Rotwein, ½ Bund glatte Petersilie, 150 g Schichtkäse oder Hüttenkäse.

Die Fleischbrühe zum Kochen bringen. Inzwischen das Gemüse waschen, putzen und mundgerecht kleinschneiden. In die Brühe geben, den Topfdeckel aufsetzen und bei schwacher Hitze 10 Minuten köcheln lassen.

Räucherspeck würfeln. Zwiebel und Knoblauchzehe abziehen und fein hacken. Leber waschen und in Streifen schneiden.

Eine trockene Pfanne erhitzen und die Speckwürfel darin auslassen. Zwiebel und Knoblauch im Fett glasig dünsten und die Leber zugeben. Mit Salbei, Minze und reichlich Pfeffer würzen und 3–4 Minuten unter ständigem Rühren bei schwacher Hitze braten.

Mit dem Rotwein und 2 Schöpflöffeln voll Brühe aus dem Suppentopf auffüllen und den Bratensatz von der Pfanne lösen. Einige Leberstückchen zum Garnieren zugedeckt beiseite stellen.

Den Pfanneninhalt pürieren und in die Suppe geben. Mit Salz und evtl. noch mehr Pfeffer abschmecken. Topf vom Herd nehmen und zugedeckt 10 Minuten ziehen lassen. Inzwischen die gewaschene Petersilie trockenschleudern, grobe Stengel entfernen und die Blätter fein hacken. Den Käse mit der Petersilie vermengen und in kleinen Portionen auf die Teller verteilen. Die heiße Suppe darübergießen und die Leberstückchen einlegen.

Nährwerte pro Portion	
Kilokalorien:	*390*
Kilojoule:	*1620*
Eiweiß/g:	*37*
Kohlenhydrate/g:	*15*
Fett/g:	*17*
Ballaststoffe/g:	*5*

Gemüsesuppe

4 Portionen

250 g mehlige Kartoffeln, 2 Zwiebeln, 2 Möhren, 200 g grüne Bohnen, 1 Kohlrabi, 2 Stangen Porree, 50 g Butter, 1 TL Salz, Pfeffer aus der Mühle, 1 l Fleischbrühe, 50 g Kerbel, 100 g Crème fraîche.

Kartoffeln waschen, schälen, würfeln. Zwiebeln abziehen, hacken. Möhren putzen, grüne Bohnen waschen, halbieren, Kohlrabi schälen und in größere Würfel schneiden. Porree der Länge nach halbieren, waschen und in kleinere Stücke schneiden.

Zwiebeln in Butter goldgelb anlaufen lassen. Möhren, Bohnen, Kohlrabi und Porree zugeben, gut umrühren und einige Minuten dünsten. Salzen, pfeffern. Kartoffeln zugeben und mit Brühe aufgießen.

Kerbel waschen, schneiden und in die Suppe streuen. Crème fraîche unterziehen.

Nährwerte pro Portion	
Kilokalorien:	*310*
Kilojoule:	*1300*
Eiweiß/g:	*6*
Kohlenhydrate/g:	*20*
Fett/g:	*22*
Ballaststoffe/g:	*6*

Schnelle Gemüsesuppe mit Huhn

4 Portionen

300 g Hühnerklein, 1 mittelgroße Zwiebel, 2 Knoblauchzehen, ½ TL Pfefferkörner, 1 Tomate, 1 Chilischote, 500 g gemischtes Gemüse: Möhren, Petersilienwurzeln, Kohlrabi, Sellerie, Erbsen, Blumenkohl oder Rosenkohl, 2 Brühwürfel, 20 g getrocknete Steinpilze, 1 TL Salz, 100 g Sternchennudeln oder andere Suppennudeln, 1 Bund glatte Petersilie.

Hühnerklein waschen und kleinschneiden. Zwiebel und Knoblauchzehen abziehen. Knoblauch mit Pfefferkörnern in ein Tee-Ei legen. Tomate waschen und ganz lassen, Chilischote aufschlitzen, entkernen, aber ganz lassen.

Das Gemüse waschen, putzen, kleinschneiden bzw. in Röschen teilen.

Alles miteinander in einen Topf geben und mit 1½ Liter Wasser zum Kochen bringen. Die Brühwürfel und die Steinpilze zugeben, salzen und ca. 30 Minuten köcheln lassen.

Inzwischen die Sternchennudeln in einem anderen Topf in reichlich Salzwasser bißfest kochen. Dann abgießen, kalt spülen und abtropfen lassen.

Petersilie waschen, trockenschleudern und fein hacken.

Aus der fertigen Suppe die ganze Zwiebel, das Tee-Ei, die Tomate und die Chilischote entfernen. Nudeln in eine Terrine legen und mit der heißen Suppe auffüllen. Die gehackte Petersilie einrühren.

Nährwerte pro Portion	
Kilokalorien:	*340*
Kilojoule:	*1410*
Eiweiß/g:	*28*
Kohlenhydrate/g:	*36*
Fett/g:	*6*
Ballaststoffe/g:	*13*

Palotzensuppe à la Gundel

4 Portionen

300 g Lammkeule oder -schulter ohne Knochen, 1 große Zwiebel, 50 g Öl oder Schmalz, 1 TL Edelsüßpaprika, 1 Knoblauchzehe, 1 Prise gemahlener Kümmel, 200 g Kartoffeln, 1 Lorbeerblatt, 250 g grüne Bohnen, Salz, 200 g saure Sahne, 30 g Mehl, 1 Bund Dill.

Talg und Haut vom Fleisch entfernen. Fleisch mit kaltem Wasser waschen. In Würfel schneiden und überbrühen, kalt abschrecken und abtropfen lassen.

Die Zwiebel abziehen, reiben und in Fett anschwitzen. Mit Edelsüßpaprika bestäuben, die Fleischwürfel dazugeben, bei starker Hitze kurz anbraten.

Die Knoblauchzehe abziehen, zerquetschen und mit dem Kümmel zugeben. Bei mittlerer Hitze zugedeckt im eigenen Saft fast gar schmoren lassen.

Inzwischen die Kartoffeln waschen, schälen und in kleine Stücke schneiden. In einem kleinen Topf in schwach gesalzenem Wasser mit dem Lorbeerblatt kochen.

Die grünen Bohnen putzen und halbieren. In einem anderen Topf in wenig Salzwasser andünsten.

Nun Kartoffeln und grüne Bohnen mit dem Kochwasser zum Lammfleisch geben. Gut durchkochen, bis alle Zutaten ganz weich sind.

Zuletzt die saure Sahne mit Mehl verrühren und die Suppe damit binden. Dill waschen, fein wiegen und über die Suppe streuen. Das Lorbeerblatt entfernen, eventuell noch nachsalzen.

Nährwerte pro Portion	
Kilokalorien:	*430*
Kilojoule:	*1800*
Eiweiß/g:	*19*
Kohlenhydrate/g:	*20*
Fett/g:	*31*
Ballaststoffe/g:	*4*

Hanoi Pho tai-Suppe

Da diese überaus schmackhafte Suppe hohen Arbeitsaufwand erfordert, empfiehlt sie sich zur Bewirtung lieber Gäste. Die Brühe muß sehr heiß serviert werden, da das Rinderfilet erst bei Tisch gegart wird.

4 Portionen

200 g Reisnudeln, 400 g Rinderbrust, 1 kg Markknochen, 1 großes Stück Ingwerknolle, 1 Bund Frühlingszwiebeln, 2 EL Öl, 200 g Rinderfilet, 1 Bund Basilikum, 3 Gewürznelken, ½ Muskatnuß, gerieben, 1 Zimtstange, 1 Sternanis, 1 grüne Pfefferschote, Salz, Pfeffer, 10 EL Fischfond, 1 Zitrone.

Reisnudeln in kaltem Wasser einige Stunden einweichen.

Suppenfleisch und Markknochen gut waschen. Mit 3½ l kaltem Wasser aufsetzen und 6 Stunden leise köcheln lassen.

In der Zwischenzeit die Ingwerknolle schälen, fein schneiden, zerstoßen und der Brühe zufügen. Frühlingszwiebeln waschen und abziehen, die Hälfte des grünen Endes wegschneiden. Die Hälfte der Zwiebeln in Ringe schneiden, in Öl anbraten und der Brühe zugeben. Die andere Hälfte in Küchenfolie verpacken und in das Gemüsefach des Kühlschranks legen.

In den folgenden Stunden mehrmals die Fettschicht von der Suppe abschöpfen. Das Rinderfilet im TK-Fach anfrieren lassen.

Die Bouillon 1 Stunde vor dem Servieren durch ein Sieb in einen anderen Topf seihen. Basilikum waschen, fein schneiden und der Suppe zufügen.

Die Gewürze einschließlich Sternanis mit ⅛ l Wasser in ein kleines Töpfchen geben, zudecken und 30 Minuten köcheln lassen.

Die Reisnudeln 20 Minuten im Einweichwasser garen. Abseihen und im Sieb beiseite stellen. Angefrorenes Rinderfilet in hauchdünne Scheiben schneiden. Pfefferschote waschen, aufschlitzen und die Kerne entfernen. Anschließend in Ringe schneiden.

Den Gewürzsud in die nun sehr kräftige Suppe geben. Gut umrühren und mit einer Prise Salz, Pfeffer und dem Fischfond abschmecken. Etwas Zitronensaft zufügen.

Frühlingszwiebeln in lange Stücke und dann in dünne Streifen schneiden.

Nudeln zum Erhitzen in kochendes Wasser tauchen. 4 große Suppenschalen zu gleichen Teilen mit Rinderfilet, Nudeln und Frühlingszwiebeln füllen.

Kochende Bouillon durch ein Sieb darübergießen. Mit den Pfefferschotenringen dekorieren.

Schnelle Variante:
Zubereitung im Schnellkochtopf und Verwendung von asiatischen Instantnudeln.

Nährwerte pro Portion	
Kilokalorien:	*420*
Kilojoule:	*1760*
Eiweiß/g:	*24*
Kohlenhydrate/g:	*48*
Fett/g:	*11*
Ballaststoffe/g:	*2*

Vietnamesische Glasnudelsuppe mit Huhn

4 Portionen

10 g getrocknete Morcheln, 10 g getrocknete Tongku-Pilze, Mu-er oder andere chinesische Pilze, 50 g Glasnudeln, 1 kleines Huhn, ca. 800 g, Salz, 1 TL Pfefferkörner, 1 Bund Suppengrün, 1 EL getrocknetes Zitronengras, 2 EL Sojasauce, 1 Bund Frühlingszwiebeln, einige frische Korianderzweige, 1 Bund Schnittlauch.

Beide Pilzsorten in warmem Wasser ca. 30 Minuten quellen lassen. Danach Pilzstiele abschneiden. Morcheln aufschlitzen und den Sand auswaschen. Chinesische Pilze in mundgerechte Stücke schneiden.

Glasnudeln 10 Minuten in heißem Wasser quellen lassen, dann herausheben und in Stücke von ca. 6 cm Länge schneiden (am besten mit der Schere).

Huhn waschen, häuten und mit 1 l Wasser und den Zutaten bis inklusive Zitronengras 30 Minuten kochen. Danach das Huhn zerlegen und das Fleisch in mundgerechte Streifen schneiden. Brühe abseihen.

Hühnerfleisch und Brühe wieder in den Kochtopf geben, abgetropfte Pilze, Glasnudeln und Sojasauce einrühren. Mit Salz abschmecken. Die Frühlingszwiebeln waschen, putzen, der Länge nach halbieren und in die Suppe geben. Alles weitere 10 Minuten köcheln lassen.

Kräuter waschen, trockenschleudern, die Korianderblättchen zupfen und den Schnittlauch fein schneiden. Die Suppe mit den Kräutern bestreuen und sehr heiß servieren.

Nährwerte pro Portion	
Kilokalorien:	*480*
Kilojoule:	*2020*
Eiweiß/g:	*31*
Kohlenhydrate/g:	*15*
Fett/g:	*29*
Ballaststoffe/g:	*3*

Geisha-Suppe

4 Portionen

60 g Schweinefleisch, 1 TL Reis- oder Weizenmehl, 1 TL Koriander, 1 Prise Zucker, Pfeffer aus der Mühle, 1 TL Öl, 250 g Chinakohl, 2 cm frische Ingwerwurzel, 3 EL Öl, ½ TL Salz, 1 l Geflügelbrühe, 1 Prise Anis, 1 Ei.

Das Fleisch fein schnetzeln und mit Reismehl, Koriander, Zucker, Pfeffer und Öl vermischen. Chinakohl waschen und in 2 cm lange Stücke teilen. Ingwer schälen und in feine Scheiben schneiden.

In einer Pfanne Öl erhitzen, Ingwer mit Salz darin anrösten, den Kohl zufügen und mit der Brühe aufgießen. Das Fleisch hinzugeben und etwa 5 Minuten köcheln lassen. Zuletzt Anis und das leicht geschlagene Ei zufügen.

Nährwerte pro Portion	
Kilokalorien:	*150*
Kilojoule:	*610*
Eiweiß/g:	*6*
Kohlenhydrate/g:	*1*
Fett/g:	*13*
Ballaststoffe/g:	*1*

Feuertopf Shanghai

Dieses originelle, bekömmliche Fondue eignet sich sehr gut für eine Gästebewirtung. Es empfhielt sich, schon am Vortag 5 l Brühe aus Suppenknochen zu kochen. Steht kein echter Feuertopf zur Verfügung, können Sie einen normalen, tiefen Topf verwenden. Anderes Gemüse, der Jahreszeit entsprechend, und auch Ente, Lammfleisch oder Leber können als Einlage dienen.

6 Portionen

Brühe:

6 Suppenknochen, 3 Markknochen, 1 Bund Suppengrün, Salz, Pfefferkörner, 1 TL Glutamat, ½ TL Chilipulver, ¼ Ingerwurzel, getrocknet.

Einlage:

400 g Schweinefilet, 250 g Rinderfilet, 200 g Hühnerbrust, 300 g Fischfilet, z. B. Lotte, 6 rohe Kaisergranatschwänze oder große Garnelenschwänze, ½ Staudensellerie, 3 Lauchstangen, 150 g Zuckerschoten, 150 g frische Sojasprossen, 100 ml Öl.

Eine kräftige Brühe aus den oben genannten Zutaten und 6 l Wasser kochen. Etwas Ingwerwurzel in die Brühe reiben.

Das Schweine- und Rinderfilet, die Hühnerbrust und das Fischfilet 30 Minuten anfrieren lassen. Inzwischen die Kaisergranatschwänze der Länge nach halbieren, den Darm entfernen und das Fleisch mit dem Rücken eines schweren Messers leicht klopfen.

Das Fleisch und den Fisch aus dem Kühlfach nehmen und mit einem scharfen Messer in möglichst dünne Scheiben schneiden. Fleisch, Fisch und die Granatschwänze dekorativ anrichten.

Staudensellerie und Lauchstangen putzen und in fingerdicke Scheiben schneiden. Zuckerschoten waschen, Stielansätze und möglich Fäden abziehen. Sojasprossen in sehr heißem Öl kurz braten, herausheben und auf Küchenpapier abtropfen lassen. (Falls Sie andere Gemüse verwenden, alles in kleine mundgerechte Stücke schneiden.) Gemüse ebenfalls auf einer Platte oder Teller anrichten.

Den Feuertopf auf den Eßtisch stellen und die abgeschmeckte Brühe bei geschlossenem Deckel erhitzen. Die Platten mit den Einlagen rund um den Feuertopf anordnen. Jeder bekommt ein kleines Sieb (in China-Läden erhältlich), um die selbst kombinierten Zutaten in der Brühe zu garen, sowie Stäbchen, um das Gargut in die verschiedenen Saucen zu tauchen. Außerdem sollten Suppentassen bereitstehen, um zuletzt die Brühe trinken zu können.

Zum Dippen stellen Sie Soja-Sauce und andere fertige asiatische Würzsaucen bereit. Gut paßt auch frisches Mangochutney. Für besonders liebe Gäste machen Sie sich die Mühe, eine der folgenden typischen Saucen selbst zuzubereiten – das ist ja am Vortag möglich!

Nährwerte pro Portion	
Kilokalorien:	*410*
Kilojoule:	*1730*
Eiweiß/g:	*51*
Kohlenhydrate/g:	*5*
Fett/g:	*17*
Ballaststoffe/g:	*3*

Japanische Sauce

4 Portionen

10 EL Fischfond aus dem Glas, 2 EL süßer Sherry, 5 EL helle Sojasauce, 10 g frische Ingwerwurzel, 50 g weißer Rettich, 10 g Zucker.

Fischfond, Sherry und die Sojasauce gut verrühren. Ingwer in Scheiben schneiden. Rettich schälen und reiben. Mit dem Zucker zufügen und alles gut vermischen.

Nährwerte pro Portion	
Kilokalorien:	*73*
Kilojoule:	*310*
Eiweiß/g:	*5*
Kohlenhydrate/g:	*6*
Fett/g:	*2*
Ballaststoffe/g:	*1*

Krabben- oder Austernsauce nach chinesischer Art

4 Portionen

10 EL Sojasauce hell oder dunkel, 1 EL Essig, ½ Bund glatte Petersilie, gehackt, das Weiße einer kleinen jungen Porreestange, in feine Ringe geschnitten, 20 g Fenchelknolle, in feine Streifen geschnitten, 5 EL Krabben- oder Austernsauce, 2 EL Sherry oder chinesischer Reiswein, Zucker, Pfeffer, 2 Eigelb.

Die Sojasauce mit dem Essig vermischen. Petersilie und das Gemüse mit der Krabbensauce und dem Sherry zugeben. Mit Zucker und Pfeffer abschmecken.

Eigelb leicht schlagen, mit der Sauce vermischen und in kleinen Schälchen reichen.

Nährwerte pro Portion	
Kilokalorien:	*120*
Kilojoule:	*490*
Eiweiß/g:	*6*
Kohlenhydrate/g:	*9*
Fett/g:	*4*
Ballaststoffe/g:	*3*

Fischsauce Laos

4 Portionen

10 EL Fischfond aus dem Glas, 10 EL Kokosmilch, 2 EL Limettensaft, 30 g Zucker, 15 g Erdnüsse, ½ frische rote Chilischote, ½ Knoblauchzehe, 10 g frische Ingwerwurzel, etwas Zitronengras.

Fischfond mit Kokosmilch, Limettensaft und Zucker vermischen. In einem kleinen Pfännchen die Erdnüsse rösten und im Mörser zerstoßen. Chilischote entkernen und fein schneiden. Knoblauch abziehen und zerquetschen. Ingwer und das Zitronengras sehr fein hacken und alles zusammenmischen. In kleine Schüsselchen füllen und servieren.

Nährwerte pro Portion	
Kilokalorien:	*100*
Kilojoule:	*430*
Eiweiß/g:	*5*
Kohlenhydrate/g:	*12*
Fett/g:	*3*
Ballaststoffe/g:	*1*

China-Suppe, süß-sauer-scharf

4 Portionen

100 g chinesische Pilze, 1 frisches Suppenhuhn, 1,5 kg, 1 Möhre, 1 Zwiebel, 1 TL Glutamat, ½ TL Chilipulver, ¼ getrocknete Ingwerwurzel, 250 g Glasnudeln, ½ kleiner Blumenkohl, ca. 200 g, 1 Möhre, 1 Stange Lauch, ½ Staudensellerie, 250 g-Dose Bambussprossen, 250 g frische Sojabohnenkeimlinge, 1 EL Sojasauce, 1 EL Tomatenmark, 1 Schuß Essig, 1 TL Zucker, 1 EL Stärkemehl.

Pilze einweichen. Suppenhuhn waschen. Die Innereien, falls sie noch dabei sind, waschen und für die Suppe verwenden.

Möhre putzen, Zwiebel abziehen und halbieren.

Das Huhn in vier Stücke teilen, mit 3 l Wasser und dem Suppengemüse aufsetzen. Glutamat und Chilipulver zugeben. Ingwer in die Brühe reiben und damit kräftig würzen.

Nach ca. 50 Minuten mit der Fleischgabel in die Keulen stechen und prüfen, ob das Huhn weich ist. Aus der Brühe herausheben und abtropfen lassen.

Die Brühe abseihen, Innereien und Gemüse herausnehmen und beiseite stellen. Das Fleisch von den Knochen lösen, enthäuten und in schmale Streifen schneiden. Beiseite stellen und abdecken.

Den harten Stielansatz von den Pilzen herausschneiden, Pilze waschen und in Stücke teilen. Glasnudeln in eine Schüssel legen und mit kochendem Wasser überbrühen. Einige Zeit einweichen lassen. Blumenkohl waschen und in kleine Röschen teilen. Möhre putzen und in schmale Streifen schneiden. Brühe wieder erhitzen und dann den Blumenkohl und die Möhrenstreifen zugeben und köcheln lassen.

In der Zwischenzeit Glasnudeln in ca. 5 cm lange Stücke schneiden. Nun den Lauch und den Staudensellerie putzen, waschen, in mundgerechte Stücke schneiden und zufügen. Bambussprossen in Streifen schneiden. Anschließend die Sojakeimlinge waschen und mit den Bambussprossen in die Suppe geben.

Das Huhn und die Pilze mit den Glasnudeln in den Topf legen und noch einige Minuten ziehen lassen.

Zuletzt die Suppe pikant mit Sojasauce, dem Tomatenmark, Essig und Zucker abschmecken.

Stärkemehl mit kaltem Wasser anrühren und damit die Suppe binden.

Eine köstlich schmeckende süd-chinesische Mitternachtssuppe.

Nährwerte pro Portion	
Kilokalorien:	*740*
Kilojoule:	*3100*
Eiweiß/g:	*72*
Kohlenhydrate/g:	*71*
Fett/g:	*18*
Ballaststoffe/g:	*7*

Entensuppe mit Bambus

4 Portionen

1 kleine Ente, ca. 1 kg, Salz, 1 EL getrocknetes Zitronengras, 250 g Bambussprossen aus der Dose, 2 g gestoßener Safran, 20 g frische Ingwerwurzel, 1 kleine Zwiebel, 2 EL Nuoc-Mam-Sauce oder Sojasauce, Pfeffer, 1 Bund Frühlingszwiebeln, 2 kleine frische Chilischoten (rot und grün, sieht hübsch aus).

Innereien aus der Ente entfernen. Ente waschen und vierteln. Mit 2 l Wasser, 1 gestrichenen EL Salz und dem Zitronengras in einem hohen Topf ca. 90 Minuten kochen.

Danach die Ente herausheben, etwas abkühlen lassen, entbeinen und häuten und das Fleisch in mundgerechte Streifen schneiden. Bambussprossen ebenfalls in Streifen schneiden.

Fleisch wieder in die Brühe geben, Safran einrühren, Bambus einlegen und die Suppe weitere 15 Minuten kochen lassen.

Ingwer schälen und nach Belieben als Stück in die Suppe geben, das man vor dem Servieren wieder entfernt, oder den Ingwer in feine Streifen schneiden und in der Suppe lassen.

Zwiebel abziehen und in sehr feine Streifen schneiden, in der Suppe garen und die Brühe mit Nuoc-Mam-Sauce und etwas Pfeffer abschmecken.

Frühlingszwiebeln waschen, putzen und in etwa 5 cm lange Streifen schneiden. Chilischoten der Länge nach aufschlitzen, entkernen und in sehr feine Ringe schneiden.

Frühlingszwiebeln und Chili in kleinen Schälchen getrennt zur Suppe reichen. Jeder nimmt sich selbst die gewünschte Menge.

Nährwerte pro Portion	
Kilokalorien:	*610*
Kilojoule:	*2570*
Eiweiß/g:	*25*
Kohlenhydrate/g:	*4*
Fett/g:	*50*
Ballaststoffe/g:	*1*

Pot-au-feu

6 Portionen

Je 1 Beinscheibe von Rind und Kalb, mindestens 3 cm hoch, 500 g Ochsenbrust, 500 g Ochsenschwanz, 1 Suppenhuhn, 1 Bund Suppengrün, 3 EL Meersalz, 1 Stange Porree, 1 Stengel Staudensellerie, 1 kleiner Weißkohlkopf, 2 Tomaten, 6 Markknochen, mit Kartoffelscheiben verschlossen, 2 Mettwürste, ca. 200 g, 1 Zwiebel, gespickt mit 3 Nelken, 1 kleiner Knollensellerie, 2 Möhren, 8 mittlere Kartoffeln, 1 Bund glatte Petersilie, einige Thymianzweige, 250 g grüne Bohnen.

Fleisch und Huhn waschen und alles, außer der Beinscheibe vom Kalb, mit dem Suppengrün in einem offenen Topf mit 5–6 l kaltem Wasser zum Kochen bringen. Nicht salzen!

Sorgfältig abschäumen und die Hitze reduzieren. Um eine klare Bouillon zu erhalten, während des Kochens laufend abschäumen. Salzen und 2 Stunden köcheln lassen.

Nach 1 Stunde das Kalbfleisch einlegen. Während dieser Zeit den Porree, den Selleriestengel, den Kohl und die Tomaten putzen.

Markknochen vorbereiten und mit den Würsten und der gespickten Zwiebel in die Brühe legen.

Knollensellerie, Möhren und Kartoffeln schälen und in große Stücke schneiden bzw. ganz lassen. Das Gemüse

außer den grünen Bohnen mit der Petersilie und dem Thymian 30 Minuten vor Ende der Garzeit zum Fleisch geben und mit köcheln lassen.

Danach das Huhn und das übrige Fleisch aus der Brühe heben, auf eine Platte legen und warmhalten. Ein Küchentuch mit der Bouillon befeuchten und darüberlegen, damit das Fleisch nicht austrocknet.

Grüne Bohnen im ganzen oder halbiert 15 Minuten vor dem Servieren in die Suppe geben.

Zuerst die Bouillon reichen, dann den Pot-au-feu anrichten und mit den Gemüsen umrahmen.

Cornichons, grobes Salz und Senf dazu reichen.

Nährwerte pro Portion	
Kilokalorien:	*890*
Kilojoule:	*3720*
Eiweiß/g:	*78*
Kohlenhydrate/g:	*8*
Fett/g:	*53*
Ballaststoffe/g:	*6*

Hühnersuppe mit Reis

4 Portionen

1 Suppenhuhn, Salz,
50 g Butterschmalz, 2 Bund Suppengrün, 1 Zwiebel, mit 3 Gewürznelken gespickt,
250 g Reis, 1 g Safranpulver,
frisch gemahlener Pfeffer,
frisch geriebene Muskatnuß,
1 Bund Schnittlauch,
3 Eigelb.

Das Huhn ausnehmen, waschen und in 8 Stücke teilen. Das Fleisch mit Küchenkrepp trockentupfen und mit Salz einreiben. Die Teile ausgebreitet etwa 1 Stunde in den Kühlschrank legen.

Butterschmalz in einem weiten Topf zerlassen und die Hühnerteile darin rundherum anbraten. Den Deckel auflegen, die Hitze zurückschalten und das Huhn etwa 15 Minuten dünsten lassen. Während dieser Zeit löffelweise heißes Wasser zugeben.

Das Suppengrün waschen, putzen und in mundgerechte Stücke schneiden, samt der Zwiebel in den Suppentopf legen und 1½ Liter heißes Wasser auffüllen. Den Deckel leicht auflegen und das Huhn gut 1 Stunde köcheln lassen, bis es weich ist.

Den Reis in reichlich Salzwasser garkochen, abgießen und abtropfen lassen. Er kommt erst beim Anrichten in die Hühnersuppe.

Wenn die Suppe fertig ist, einen Schöpflöffel voll von der Brühe abnehmen und den Safran darin anrühren. Zur Suppe geben und mit Salz, Pfeffer und Muskatnuß abschmecken.

Schnittlauch waschen und fein hacken.

Das Eigelb in einer Schüssel mit etwas heißer Brühe verrühren.

Reis in die Suppe geben, Eigelb unterziehen und vor dem Auftragen mit Schnittlauch bestreuen.

Nährwerte pro Portion	
Kilokalorien:	*1020*
Kilojoule:	*4280*
Eiweiß/g:	*50*
Kohlenhydrate/g:	*52*
Fett/g:	*61*
Ballaststoffe/g:	*4*

Herzhafte Kartoffelsuppe

2 Portionen

100 g geräucherter Schweinebauch, 3 Zwiebeln, 1 Stange Lauch, ¼ Sellerieknolle, 1 Möhre, 500 g Kartoffeln, 1 EL Butterschmalz, ½ l Fleischbrühe, 1 Lorbeerblatt, 2 Wacholderbeeren, gequetscht, 1 Messerspitze Liebstöckel, Salz, Pfeffer, 1 Prise Zucker, 1 Scheibe Weißbrot, ½ EL Butter, 100 g Schlagsahne, 200 g Fleischwurst.

Den Schweinebauch würfeln. 2 Zwiebeln fein würfeln, 1 Zwiebel in Ringe schneiden. Lauch, Sellerie und Möhre putzen, waschen und würfeln. Kartoffeln schälen, waschen und in Scheiben schneiden.

Butterschmalz in einen Topf erhitzen, Schweinebauch darin ausbraten. Gehackte Zwiebel und Gemüse zugeben und kurz mitbraten. Kartoffelscheiben zugeben und die Fleischbrühe angießen. Kräuter und Gewürze zugeben und die Kartoffelsuppe zugedeckt 20 Minuten köcheln lassen.

Inzwischen das Weißbrot würfeln und in einer trockenen heißen Pfanne rösten. Dann die Butter in die Pfanne geben und die Zwiebelringe goldbraun braten.

Die Suppe nach der Garzeit mit dem Schneebesen kräftig durchrühren, damit sie sämig wird, die Sahne unterziehen und die Suppe abschmecken.

Fleischwurst pellen und in Scheiben schneiden. Die Suppe in eine vorgewärmte Terrine umfüllen, die Wurstscheiben einlegen, mit Brotwürfeln und Zwiebelringen garnieren.

Nährwerte pro Portion	
Kilokalorien:	*630*
Kilojoule:	*2630*
Eiweiß/g:	*17*
Kohlenhydrate/g:	*33*
Fett/g:	*44*
Ballaststoffe/g:	*6*

Berliner Kartoffelsuppe

4 Portionen

1 Bund Suppengrün, 1 Zwiebel, 1 EL Butter oder Butterschmalz, 750 g Kartoffeln, 1 l Brühe aus Suppenknochen und Schinkenschwarten, Pfeffer aus der Mühle, 1 TL Majoran, Salz, 1 Bund Petersilie, etwas Sahne oder 1 EL Butter.

Das Suppengrün putzen und schneiden. Die Zwiebel abziehen, würfeln und mit dem Suppengrün im Fett anrösten.

Kartoffeln waschen, schälen, würfeln und dazugeben. Einige Minuten mitdünsten, dann mit der heißen Brühe aufgießen und in ca. 20 Minuten weichkochen.

Mit Pfeffer, Majoran und Salz abschmecken. Petersilie waschen, kleinschneiden und dazugeben. Sahne oder Butter zufügen.

Nährwerte pro Portion	
Kilokalorien:	*230*
Kilojoule:	*980*
Eiweiß/g:	*6*
Kohlenhydrate/g:	*34*
Fett/g:	*7*
Ballaststoffe/g:	*6*

Seafood Chowder

4 Portionen

500 g rohe Garnelenschwänze, tiefgefroren, 400 g Staudensellerie, 2 Zwiebeln, 40 g Butter, 300 g Kartoffeln, ¾ l Milch, Salz, weißer Pfeffer, 100 g geriebener Emmentaler, 1 Bund glatte Petersilie, geschnitten.

Garnelen antauen, waschen und abtropfen lassen. Selleriestangen waschen, Fäden abziehen und in 2 cm lange Stücke schneiden. Zwiebeln abziehen und würfeln. Butter in einem Topf erhitzen, Sellerie und Zwiebelwürfel darin goldgelb anlaufen lassen.

Kartoffeln waschen, schälen, würfeln und mit ½ l Wasser in den Topf geben, zum Kochen bringen und alles in etwa 15 Minuten garen. Topf vom Herd nehmen und die Milch einrühren, dann die Garnelen hinzufügen, salzen und pfeffern.

Käse in das Gericht streuen, umrühren und erhitzen, ohne zu kochen. Petersilie dazugeben.

Nährwerte pro Portion	
Kilokalorien:	*500*
Kilojoule:	*2100*
Eiweiß/g:	*40*
Kohlenhydrate/g:	*26*
Fett/g:	*25*
Ballaststoffe/g:	*5*

Grüne Erbsensuppe

4 Portionen

800 g gepökeltes Eisbein, 1 Zwiebel mit Lorbeerblatt und Nelke gespickt, 1 Bund Suppengrün, 1 TL Pfefferkörner, 200 g getrocknete grüne Erbsen, 4 Stunden vorgeweicht, Salz, Pfeffer, 4 Weißbrotscheiben, 2 Markknochen, ½ Bund glatte Petersilie.

Das Eisbein waschen und in einem großen Topf mit 2½ l Wasser, gespickter Zwiebel, Suppengrün und Pfefferkörnern zum Kochen bringen. 1 Stunde köcheln lassen und dabei abschäumen. Dann das Eisbein herausheben und das Fleisch vom Knochen lösen. Den Sud abseihen.

Vorgeweichte, abgetropfte Erbsen in den Topf geben, Fleisch und Knochen des Eisbeins einlegen, mit dem Sud auffüllen, leicht salzen und pfeffern. Die Erbsensuppe einmal aufkochen und dann bei schwacher Hitze 1 Stunde lang köcheln lassen.

Wenn die Erbsen weich sind, Fleisch und Knochen herausheben, den Knochen entfernen, das Fleisch in kleine Würfel schneiden. Die Suppe zur Hälfte pürieren. Suppe und Püree gründlich miteinander verrühren, abschmecken und die Fleischwürfel einlegen.

Weißbrotscheiben vierteln. Rohes Mark aus den Knochen löffeln und die Brotstücke damit belegen. Croûtons leicht salzen und unter den vorgeheizten Grill schieben, bis das Mark leicht schmilzt und das Brot Farbe annimmt.

Gehackte Petersilie in die Erbsensuppe einrühren und jede Portion mit den Croûtons garnieren.

Nährwerte pro Portion	
Kilokalorien:	*550*
Kilojoule:	*2300*
Eiweiß/g:	*42*
Kohlenhydrate/g:	*47*
Fett/g:	*17*
Ballaststoffe/g:	*11*

Gelbe Erbsensuppe

4 Portionen

200 g getrocknete gelbe Erbsen, 4 Stunden in kaltem Wasser vorgeweicht, 1 Zwiebel, 1 Bund Suppengrün, ½ TL getrockneter Liebstöckel, Salz, Pfeffer, 2 geräucherte Würste, z. B. Polnische, 100 g geräucherter Schweinebauch, 1 Zwiebel.

Vorgeweichte Erbsen abtropfen lassen und mit 2 l Wasser in einen Suppentopf geben. Die Zwiebel abziehen und hacken, mit dem gebündelten Suppengrün, Liebstöckel, etwas Salz und Pfeffer an die Erbsen geben.

Die Suppe einmal aufkochen und dann bei kleiner Hitze 1 Stunde köcheln lassen, bzw. so lange bis die Erbsen weich sind. 10 Minuten vor Ende der Kochzeit die Würste anstechen und in die Suppe legen.

Schweinebauch klein würfeln und in einer trockenen, heißen Pfanne ausbraten, auf Küchenkrepp abtropfen lassen. Zwiebel abziehen, in feine Ringe schneiden und im Speckfett goldbraun rösten.

Die Würste aus der fertigen Suppe heben und in Scheiben schneiden. Das Suppengrün entfernen und die Erbsensuppe zur Hälfte pürieren.

Suppe und Püree gründlich verrühren und abschmekken. Wurstscheiben hineingeben, mit Speckwürfeln und Zwiebelringen garnieren. Nach Belieben das Speckfett darüberträufeln.

Nährwerte pro Portion	
Kilokalorien:	*620*
Kilojoule:	*2580*
Eiweiß/g:	*25*
Kohlenhydrate/g:	*30*
Fett/g:	*41*
Ballaststoffe/g:	*10*

A la patrie-Suppe

4 Portionen

Rinderbrühe:
1 kg Rindfleisch zum Kochen, z. B. Hohe Rippe, 3 l kaltes Wasser, 1 großer Bund Suppengrün und 2 Petersilienwurzeln, 1 Zwiebel, mit 2 Nelken besteckt, 1 Tomate, 1 Chilischote, 1 TL Pfefferkörner, etwas Liebstöckel, 2 Zweiglein Thymian, 1 EL getrocknete Pilze, 1 EL Salz.

Pfannkuchenteig:
50 g Mehl, ¼ l Milch, je 1 Prise Salz und Zucker, 2 Eier, 1 EL Öl, 3 EL Bratfett, ½ kleiner Blumenkohl.

Markklößchen:
½ altbackenes Brötchen, 40 g Mark, 1 kleines Ei, Salz, weißer Pfeffer, Muskat, 40 g Semmelbrösel, 1 EL gehackte Petersilie, 2 Markknochen, ½ Bund Schnittlauch.

Die Grundlage der Suppe bildet die kräftige Rinderbrühe, die eventuell schon am Vortag hergestellt werden kann.

Alle Zutaten für die Brühe etwa 2 Stunden köcheln lassen. Ist das Fleisch gar, in Scheiben schneiden und warmstellen. Zuletzt in die Suppe geben oder mit Meerrettich gesondert reichen.

Während die Brühe kocht, aus den genannten Zutaten einen dünnflüssigen Pfannkuchenteig herstellen.

In Fett dünne braune Pfannkuchen herausbacken. Aufrollen, abkühlen lassen und später in schmale Streifen schneiden.

Blumenkohl waschen und in kleine Röschen teilen.

In die fertige, abgeseihte Fleischbrühe Blumenkohlröschen einlegen und 10 Minuten bei geöffnetem Deckel köcheln lassen.

Inzwischen Markklößchen herstellen, siehe Seite 29.

Ist der Blumenkohl fast gar, Markklößchen abstechen, einlegen, in der Suppe 5 Minuten ziehen lassen und dann die Pfannkuchenstreifen dazugeben.

Die fertige Suppe nochmals mit Salz abschmecken. Mark aus den Knochen löffeln und in die Suppenteller verteilen.

Heiße Suppe darübergeben und mit geschnittenem Schnittlauch bestreuen.

Nährwerte pro Portion	
Kilokalorien:	*430*
Kilojoule:	*1800*
Eiweiß/g:	*23*
Kohlenhydrate/g:	*27*
Fett/g:	*24*
Ballaststoffe/g:	*2*

Zweibrücker Linsensuppe

4 Portionen

200 g Linsen, 30 g geräucherter Speck, 1 Zwiebel, 150 g Kartoffeln, 1 Bund Suppengrün aus 1 Möhre, ½ Porree, 100 g Knollensellerie, 1 Lorbeerblatt, 2 Nelken, Pfeffer, Salz, 2–3 EL milder Essig, 10 g Butter, 2 EL Zukker, 125 g Schlagsahne.

Die Linsen gut mit Wasser bedeckt einige Stunden einweichen.

Speck würfeln und in einem mittleren Topf auslassen. Die Zwiebel abziehen, würfeln und in dem Fett glasig dünsten. Dann die Linsen samt dem Einweichwasser zugeben. Gut umrühren und köcheln lassen.

Währenddessen Kartoffeln waschen, schälen und würfeln. Suppengrün waschen, putzen und fein schneiden und mit den Kartoffeln und Gewürzen zu den Linsen geben. Pfeffern, salzen. Die Linsen bei schwacher Hitze insgesamt 50–60 Minuten garen. Mit Essig abschmecken.

Kurz vor dem Servieren die Butter schmelzen, den Zucker darin karamelisieren und in die Suppe geben. Schlagsahne unterrühren.

Mit Frankfurter Würstchen servieren.

Nährwerte pro Portion	
Kilokalorien:	*390*
Kilojoule:	*1620*
Eiweiß/g:	*16*
Kohlenhydrate/g:	*42*
Fett/g:	*15*
Ballaststoffe/g:	*9*

Fränkische Metzelsuppe

8 Portionen

1 kg Kopffleisch vom Schwein, Backenfleisch mit Ohr, 1 Zunge, ½ Herz, 250 g Lunge im Stück, je 300 g Kron- und Kesselfleisch, Salz, Pfefferkörner, 3 Blut- und 6 Leberwürste.

Das Fleisch in einen großen Topf mit Salz und den Pfefferkörnern weichkochen. Die Würste in der Metzelbrühe 10 Minuten ziehen lassen.

Nun das Fleisch mit einer Fleischgabel aus der Suppe heben und auf eine Platte legen. Die Würste mit einem Schaumlöffel herausheben und dekorativ um das Fleisch anrichten.

Mit Salz, Pfeffer, Senf, Meerrettich und dunklem Frankenbrotlaib servieren. Zu diesem deftigen Essen paßt ein herber Frankenwein.

Nährwerte pro Portion	
Kilokalorien:	*1470*
Kilojoule:	*6150*
Eiweiß/g:	*76*
Kohlenhydrate/g:	*2*
Fett/g:	*118*
Ballaststoffe/g:	*1*

Bohnensuppe mit geräucherter Schweinshaxe

Am Vorabend die Schweinshaxe und die Bohnen getrennt in lauwarmem Wasser einweichen.

4 Portionen

500 g geräucherte Schweinshaxe, 250 g Feuerbohnen oder andere getrocknete Bohnenkernen, 2 Lorbeerblätter, 2 Knoblauchzehen, abgezogen und zerquetscht, 10 Pfefferkörner, 1 Petersilienwurzel und 150 g Möhren, geputzt und in Stifte geschnitten, 1 EL Öl, 30 g Mehl, 1 mittelgroße Zwiebel, sehr fein gehackt, ½ TL Rosenpaprika, ⅛ l saure Sahne, 1 EL Zitronensaft oder Essig, Salz, 200 g geräucherte Paprikawurst.

Haxe knapp mit kaltem Wasser bedeckt zum Kochen bringen. Ist das Fleisch halb gar, die abgetropften Bohnen, Lorbeerblätter, Knoblauch und Pfefferkörner dazugeben. Sind die Bohnen halb gar, das Wurzelwerk zufügen und alles fertig garen.

Die Schweinshaxe aus der Brühe nehmen und das noch warme Fleisch vom Knochen lösen. In kleine Stücke schneiden und in die Brühe zurückgeben. In einem Pfännchen das Öl erhitzen und das Mehl anschwitzen. Die Zwiebel darin glasig dünsten, mit Paprika bestäuben und mit ¼ l Wasser ablöschen. Glatt verrühren und die Suppe damit binden. Nochmals gut aufkochen.

Zuletzt die saure Sahne einrühren, die Lorbeerblätter entfernen und die Suppe säuerlich abschmecken. Eventuell leicht salzen. Paprikawurst in Stücke schneiden, in die Suppe legen und ziehen lassen.

Nährwerte pro Portion	
Kilokalorien:	*710*
Kilojoule:	*3000*
Eiweiß/g:	*37*
Kohlenhydrate/g:	*41*
Fett/g:	*44*
Ballaststoffe/g:	*14*

Haferschrotsuppe mit Gemüsestreifen

4 Portionen

Insgesamt 200 g Gemüse: Porree, Möhren, Staudensellerie, 1 Zwiebel, 100 g Mandelblätter, 3 EL Butter, 4 EL feines Hafervollkornschrot, 1 l Gemüsebrühe, 1 TL Salz, etwas geriebene Muskatnuß, 5 EL Sahne, ½ Kästchen Kresse.

Das Gemüse putzen und in Juliennestreifen schneiden. Die Zwiebel abziehen und hacken. Mandeln in 1 EL Butter rösten, beiseite stellen.

Das Gemüse und die Zwiebel in 2 EL heißer Butter andünsten. Hafervollkornschrot zugeben und anschwitzen. Gemüsebrühe zuschütten und mit einem Schneebesen gut durchrühren. 5 Minuten ausquellen lassen. Salzen. Mit Muskatnuß abschmecken. Sahne anschlagen und unterziehen, mit Kresse dekorieren. Mandelblätter darüberstreuen.

Nährwerte pro Portion	
Kilokalorien:	*330*
Kilojoule:	*1400*
Eiweiß/g:	*8*
Kohlenhydrate/g:	*12*
Fett/g:	*28*
Ballaststoffe/g:	*5*

Gemüsesuppe mit Dinkel

4 Portionen

1 Zwiebel, 100 g Staudensellerie, 200 g Möhren,
2 EL Öl, 4 EL Dinkelvollkornschrot, fein,
1,5 l Gemüsebrühe,
1 TL Salz, 1 Kästchen Kresse.

Die Zwiebel abziehen und fein hacken. Staudensellerie waschen und fein schneiden. Möhren putzen und würfeln.

Zwiebel in Öl goldgelb dünsten. Dinkelschrot zufügen und anschwitzen. Die warme Gemüsebrühe zugießen, umrühren, aufkochen. Dinkel einige Minuten ausquellen lassen. Staudensellerie und Möhrenwürfel zugeben, 10 Minuten köcheln lassen, mit Salz abschmecken. Kresse kleinschneiden und darüberstreuen.

Nährwerte pro Portion	
Kilokalorien:	*110*
Kilojoule:	*460*
Eiweiß/g:	*2*
Kohlenhydrate/g:	*11*
Fett/g:	*7*
Ballaststoffe/g:	*4*

Dinkelsuppe mit Brokkoli

4 Portionen

250 g Brokkoli,
1 TL Meersalz, 1 Bund Suppengrün, 1 Zwiebel,
2 EL Öl, 150 g Dinkelschrot.

Brokkoli putzen, in Röschen teilen. Die dicken Stiele in kleinere Stücke teilen und in Salzwasser kochen, bis sie weich sind. Brühe aufheben.

Suppengrün waschen und kleinhacken. Zwiebel abziehen, würfeln. Die Zwiebelwürfel in Öl goldgelb dünsten, Suppengrün und Dinkelschrot dazugeben und kurz mitrösten. Mit der Gemüsebrühe aufgießen und 40 Minuten unter gelegentlichem Umrühren quellen lassen. In den letzten 10 Minuten die Brokkoliröschen einlegen. Zuletzt die Brokkolistiele in der Suppe erwärmen.

Nährwerte pro Portion	
Kilokalorien:	*200*
Kilojoule:	*860*
Eiweiß/g:	*7*
Kohlenhydrate/g:	*28*
Fett/g:	*7*
Ballaststoffe/g:	*6*

Selleriecremesuppe nach Veroneser Art

4 Portionen

1 Stange Porree, 500 g Knollensellerie, 150 g Möhren,
30 g Butter, Salz, Pfeffer,
1 l Fleischbrühe, ½ Bund krause Petersilie, 1 Semmel,
150 g Schlagsahne, 1 Eigelb,
50 g Parmesankäse, gerieben.

Porree putzen, gut waschen und in Ringe teilen. Sellerie und Möhren putzen, waschen, in dünne Stifte schneiden und in der Hälfte der Butter weich dünsten, dann den Porree daraufgeben. Das Gemüse durchrühren, salzen, pfeffern und einige Minuten bei starker Hitze weiterdünsten, mit Brühe aufgießen, und zugedeckt bei mittlerer Hitze 10 Minuten garen. In der Zwischenzeit die Petersilie waschen und feinwiegen.

Die Semmel in Würfel schneiden und in dem restlichen Fett anrösten. Beiseite stellen.

Anschließend das Gemüse mit einer Schaumkelle aus der Brühe heben, durch ein Sieb passieren oder mit einem Pürierstab pürieren und nochmals in der Brühe aufkochen.

Schlagsahne schaumig schlagen, mit Eigelb und dem Parmesankäse vermengen und flink in die Suppe einrühren. Nicht mehr aufkochen lassen!

Die Suppe portionsweise verteilen und evtl. mit einem gehackten Sellerieblatt bestreuen.

Die Semmelwürfel dazu reichen. Auch gut gekühlt schmeckt die Suppe vorzüglich.

Variante:
Statt Möhren eine zerquetschte Knoblauchzehe dazugeben und den Parmesankäse durch Roquefortkäse ersetzen.

Nährwerte pro Portion	
Kilokalorien:	*280*
Kilojoule:	*1180*
Eiweiß/g:	*12*
Kohlenhydrate/g:	*13*
Fett/g:	*19*
Ballaststoffe/g:	*6*

Fleischtopf

6 Portionen

1 kg Rindfleisch zum Kochen, 1 Poularde, 1200 g, 1 Kalbszunge, ca. 650 g, 6 Stück Markknochen, 8 Schalotten, 3 Knoblauchzehen, je 1 TL schwarze Pfefferkörner, Pimentkörner und Wacholderbeeren, 1 Lorbeerblatt, 1 Stück Muskatblüte, 3 Stengel Staudensellerie, 3 große Möhren, 3 Lauchstangen, 2 Petersilienwurzeln, 500 g Rosenkohl, 2 kleine feste Tomaten, 2 kleine Chilischoten, entkernt, 4 Scheiben getrocknete Steinpilze, 3 Zweige frischer Majoran oder 1 TL getrockneter Majoran, Salz.

Alles Fleisch waschen. Markknochen in einer Schüssel mit kaltem Wasser bedecken. Schalotten abziehen, 2 davon halbieren. Knoblauchzehen abziehen und in Scheiben schneiden. Gewürzkörner, Lorbeerblatt und Muskatblüte in Mull binden. Geputzten Staudensellerie in schräge Abschnitte teilen.

Rindfleisch nur mit den halbierten Schalotten, Knoblauch, Gewürzbeutel und Staudensellerie in einem großen Topf mit Wasser bedecken und langsam zum Köcheln bringen. Aufsteigenden Schaum mehrmals abschöpfen. Den Deckel halb auflegen und das Fleisch 1½ Stunden schwach simmern lassen.

Dann die Poularde und die Kalbszunge in den Topf geben, wieder leicht zudecken und alles 1 weitere Stunde simmern lassen.

Inzwischen die Möhren schälen und in große gleichmäßige Stücke schneiden. Lauchstangen putzen, waschen und in 3–4 cm lange Stücke schneiden. Petersilienwurzeln schälen und in dicke Scheiben schneiden. Rosenkohl putzen, Röschen halbieren. Tomaten waschen und halbieren.

30 Minuten vor Ende der Garzeit die restlichen Schalotten, das vorbereitete Gemüse, Chilischoten, Pilzscheiben, Majoran, gewaschene Markknochen und 1 EL Salz zugeben. Weiterhin schwach simmern lassen.

Die Markknochen nach 15 Minuten Garzeit herausheben, das Mark auslösen und beiseite stellen, die Knochen wieder in den Topf legen.

Wenn alles Fleisch gar ist, die Hitze abschalten, die Zunge herausheben und häuten. Die Poularde herausheben, häuten und nach Belieben zerteilen. Bis zum Essen alles Fleisch wieder in die Brühe legen.

Zum Servieren das Rindfleisch in Scheiben schneiden und auf einer vorgewärmten Platte anrichten. Die Zunge in Scheiben schneiden und mit den Hühnerteilen ebenfalls auf die Platte legen. Möhren, Lauch, Petersilienwurzel, Rosenkohl und ganze Schalotten über das Fleisch verteilen und alles mit Brühe befeuchten. Das Knochenmark in der Brühe aufwärmen, mit Salz bestreuen und auf das Fleisch legen.

Zu diesem Fleischtopf schmeckt frisch geriebener Meerrettich.

Nährwerte pro Portion	
Kilokalorien:	*1120*
Kilojoule:	*4700*
Eiweiß/g:	*108*
Kohlenhydrate/g:	*12*
Fett/g:	*61*
Ballaststoffe/g:	*7*

Cremesuppe von frischen grünen Erbsen

2 Portionen

4 Frühlingszwiebeln, 1 EL Butter, 1 TL Curry, 1 EL Mehl, 400 ml Geflügelfond, 350 g grüne Erbsen, frisch gepalt oder TK, 200 g Crème fraîche, Salz, 3–4 Blätter frischer Borretsch oder ½ Bund glatte Petersilie.

Zum Garnieren:
je 1 EL Crème fraîche, 50 g gekochte Krabben.

Frühlingszwiebeln waschen, putzen, abziehen und in dünne Ringe schneiden. Butter in einem Topf zerlassen, Frühlingszwiebeln darin andünsten, mit Curry und Mehl bestäuben und mit 200 ml Geflügelfond auffüllen. 250 g Erbsen zugeben.

Suppe einmal aufkochen, dann pürieren und den restlichen Geflügelfond zugießen. 150 g Crème fraîche, Salz und die restlichen Erbsen zugeben. Die Suppe köcheln lassen, bis die ganzen Erbsen weich sind.

Zum Servieren sehr fein geschnittenen Borretsch oder Petersilie zugeben. Die Suppe portionsweise mit einem Löffel Crème fraîche garnieren. Gekochte Krabben kurz erhitzen und verteilen.

Nährwerte pro Portion	
Kilokalorien:	*590*
Kilojoule:	*2480*
Eiweiß/g:	*28*
Kohlenhydrate/g:	*27*
Fett/g:	*38*
Ballaststoffe/g:	*7*

Hamburger Aalsuppe

4 Portionen

1 fleischiger Schinkenknochen, 1 Zwiebel, 250 g Gemüsemischung, gefroren: Selleriewürfel, Möhren, Porree, 50 g durchwachsener Speck, gewürfelt, 150 g frische Kochbirnen, 100 g Backpflaumen, 1 TL Zucker, 1 EL Zitronensaft, 400 g gehäuteter Aal.

Sud:

3 Nelken, 5 Pfefferkörner, 1 TL Salz, 3 Schalotten, 1 Lorbeerblatt, ½ TL Salbei, 1 Zweig Thymian, ¼ l Weinessig, etwas Wasser, geriebene Zitronenschale, 250 g frische Erbsen, 1 EL Mehl.

Aus dem Schinkenknochen eine Fleischbrühe kochen und dann das Fleisch vom Knochen lösen.

Zwiebel abziehen, fein hacken und mit dem Wurzelgemüse und gewürfeltem Speck anschwitzen. Mit 1 l Fleischbrühe aufgießen.

Birnen schälen, vierteln, vom Kerngehäuse befreien und mit den Backpflaumen und dem Zucker dünsten. Zitronensaft zusetzen.

Den Aal in 2 cm lange Stücke schneiden, und in dem Sud nicht zu weich kochen. In der Zwischenzeit Erbsen in die Fleischbrühe geben.

Obstsaft abseihen, Aal aus dem Sud heben, warm stellen. Saft und Fischsud zusammen mit dem abgelösten Schinkenfleisch in die Fleischbrühe geben.

Mehl mit kaltem Wasser anrühren und damit die Suppe binden.

Das Obst und den Aal in eine Terrine legen und mit der heißen Suppe übergießen.

Nährwerte pro Portion	
Kilokalorien:	520
Kilojoule:	2200
Eiweiß/g:	23
Kohlenhydrate/g:	32
Fett/g:	34
Ballaststoffe/g:	9

Ostpreußische Fischsuppe

4 Portionen

½ l Weißwein, 1 Lorbeerblatt, 1 Nelke, 1 Zwiebel, 1 Stange Porree, halbiert und gewaschen, 1 geputzte Möhre, 1 Bund Petersilie, gewaschen, 100 g Knollensellerie, geputzt, 1 TL Salz, Pfefferkörner, 1 Schuß Essig, 1 kg Rotbarsch oder Kabeljau, portioniert, 20 g Butter, 1 EL Mehl, 1 TL Zucker, 1 Eigelb, 150 g Schlagsahne, 150 g Krabben, 1 EL gehackter Dill.

In Stücke geschnittene Fische müssen stets in heiße Flüssigkeit gelegt werden, weil sie sonst zu sehr auslaugen würden. Der Sud darf wegen der kurzen Garzeit sehr kräftig sein.

Den Weißwein und 1 l Wasser aufkochen. Lorbeerblatt mit einer Nelke auf der Zwiebel feststecken. Möhre, Petersilie und Sellerie in die Porreeblätter einpacken und mit einem Faden zubinden. Diese Garnitur mit Salz und Pfefferkörnern in den Topf geben und 20 Minuten köcheln lassen.

Sud in einen Topf abseihen und einen kleinen Schuß Essig zufügen. Der Sud soll heiß sein, aber nicht mehr kochend. Die Fischstücke hineinlegen und 10 Minuten ziehen lassen.

Aus dem Sud heben und Gräten entfernen. Mit 2 Gabeln in nicht zu kleine mundgerechte Stücke teilen und abdecken.

Butter und Mehl anschwitzen, mit dem Fischsud löschen. Aufkochen lassen. Leicht zuckern und die Hitze abschalten.

Das Eigelb und die Sahne verquirlen und unter die Suppe ziehen. Zuletzt die Krabben und den Dill zugeben.

Nährwerte pro Portion	
Kilokalorien:	450
Kilojoule:	1900
Eiweiß/g:	55
Kohlenhydrate/g:	4
Fett/g:	25
Ballaststoffe/g:	0

Bouillabaisse

Diese provenzalische Spezialität war ursprünglich der Eintopf der Fischer. Seine Zusammensetzung variierte je nach dem täglichen Fangergebnis. In manchen Orten wurde sie mit gekochten Kartoffeln serviert. Erst die Stadtköche verfeinerten die Bouillabaisse mit Krustentieren. Die bekannteste Zubereitungsart ist heute die Bouillabaisse aus Marseille.

Man kann Suppe und Fisch nach dem Garen getrennt reichen. Jedenfalls aber bleiben Fisch und Krustentiere ganz oder zumindest in großen Stücken. Für den Genuß dieses feinen Gerichts muß man schon ein wenig arbeiten.

Dazu schmecken Sauce Rouille und Knoblauchcroûtons.

6 Portionen

1 kleiner lebender Hummer, ca. 500 g, 300 g Rascasse, 300 g Knurrhahn, 300 g Seeteufel, 300 g Heilbutt (oder Merlan, Kabeljau, Seezunge, Goldbarsch – kein Lachs oder anderer fetter Fisch), 4 rohe Garnelen, 4 rohe Scampi.

Ca. 1,5 l Fischbrühe:

Abschnitte der obigen Fische oder vom Fischhändler Abschnitte mitgeben lassen, 1 Bund Suppengrün, Salz, 1 TL Pfefferkörner, 1 Flasche trockener Weißwein, 1 l Wasser, 100 g Lauch,

100 g Zwiebel, 2 Tomaten, 20 g Knoblauchzehen, ¼ Fenchelknolle, ½ Bund glatte Petersilie, 1 Zweig Thymian, 1 Lorbeerblatt, 1 großes Stück getrocknete Orangenschale, 200 ml Olivenöl, Salz, frischgemahlener weißer Pfeffer, 2 g gestoßener Safran, 4 cl Pernod oder Noilly Prat.

Sauce Rouille:

2 rote Chilischoten, 2 Knoblauchzehen, 1 Eigelb, 200 ml Öl, 30 g entrindetes Weißbrot, in Bouillabaisse eingeweicht, 1 TL Tomatenmark, ca. 6 EL Bouillabaissebrühe, Salz.

In einem großen Topf reichlich Wasser zum Kochen bringen. Den Hummer mit dem Kopf voran in das sprudelnde Wasser werfen, Topfdeckel schließen und 2 Minuten bei voller Hitze kochen. Das Hummerfleisch soll roh bleiben! Hummer herausheben kalt spülen und der Länge nach halbieren. Die Innereien hinter dem Kopf entfernen.

Fische in große gleichmäßige Stücke teilen.

Für die Fischbrühe die Abschnitte und alle genannten Zutaten in einem Topf aufkochen, 10 Minuten köcheln lassen und weitere 15 Minuten ohne Hitze im zugedeckten Topf ziehen lassen. Dann abseihen.

Die geputzten Gemüse wie folgt schneiden: Lauch in Ringe, Zwiebel fein hacken, Tomaten entkernen und würfeln, Knoblauch in Stifte schneiden, Fenchel in dünne Scheiben. Kräuter waschen und etwas zupfen. Gemüse, Kräuter und Gewürze bis einschließlich Orangenschale in eine große Kasserolle geben. Auf dieses Bett alle Fische und Meeresfrüchte legen, mit 100 ml Olivenöl beträufeln und mit Salz, Pfeffer und Safran bestäuben. Den Topf zudecken und mindestens 2, besser 4–5 Stunden kühlstellen.

Danach Fische und Meeresfrüchte herausheben und trennen. Die abgeseihte Fischbrühe zum Gemüse gießen, miteinander aufkochen und 7–8 Minuten köcheln lassen.

Inzwischen in einer großen Bratpfanne 100 ml Olivenöl erhitzen und alle Krustentiere bei starker Hitze rundherum anbraten.

Die Hitze unter der Suppe reduzieren und zunächst die Fischstücke einlegen, sie sollen schonend garen. Nach 4–5 Minuten die Krustentiere einlegen und das Gericht weitere 5 Minuten ziehen lassen.

In einer tiefen Servierplatte Fisch und Krustentiere anrichten. Die Fischsuppe mit Pernod oder Noilly Prat und evtl. noch etwas Salz und Pfeffer abschmecken, über der Fischplatte durch ein feines Sieb passieren. Sie können die Fische damit auch nur befeuchten und die Suppe getrennt zur Platte mit Knoblauchcroûtons und Sauce Rouille servieren.

Sauce Rouille:
Getrocknete Chilischoten kurz in warmen Wasser einweichen. Frische Chilischoten aufschlitzen und entkernen, fein hacken. Knoblauchzehen abziehen, ebenfalls fein hacken und mit den Chilischoten im Mörser stampfen. Eigelb zugeben und, wie bei der Zubereitung von Mayonnaise, das Öl erst tropfenweise, dann im dünnen Strahl einlaufen lassen und dabei kräftig mit dem Schneebesen schlagen.

Das eingeweichte und ausgedrückte Weißbrot flöckchenweise in die Mayonnaise einarbeiten. Das Tomatenmark einrühren und die Sauce mit ca. 6 Eßlöffeln Bouillabaissebrühe dickflüssig rühren. Mit Salz abschmecken.

Nährwerte pro Portion	
Kilokalorien:	*900*
Kilojoule:	*3760*
Eiweiß/g:	*52*
Kohlenhydrate/g:	*4*
Fett/g:	*70*
Ballaststoffe/g:	*0*

Kanarischer Fischtopf

Dieser Fischtopf ist die schnelle Version einer aufwendigen Bouillabaisse, schmeckt aber ausgezeichnet. Man kann auch tiefgefrorene Fischfilets, Krabben oder Muscheln verwenden.

1 l Fischbrühe aus Fischabfällen herstellen oder Fertigfond in Gläsern verwenden, was allerdings kostspieliger ist.

4 Portionen

500 g Miesmuscheln, 1 Bund Petersilie, 1 Knoblauchzehe, 1 TL Meersalz, 1 l Fischbrühe oder 3 Gläser Fischfond, 250 g Tintenfischringe, 500 g Fischkoteletts von verschiedenen Meeresfischen: z. B. Kabeljau, Wolfsbarsch, Heilbutt oder Goldbrasse, 250 g Surimi-Stäbchen, 250 g gekochte Kaisergranatschwänze oder Garnelen, 1 Bund Petersilie.

Miesmuscheln waschen und bürsten. Petersilie waschen und feinhacken. Die Knoblauchzehe abziehen, in Stifte schneiden und mit Salz auf einem Plastikbrettchen zerquetschen.

Fischbrühe erhitzen, Petersilie und Knoblauch zugeben. Nun die Tintenfische und die Fischkoteletts in die Suppe legen und 5 Minuten ziehen lassen. Die Miesmuscheln zugeben. Die Surimi-Stäbchen halbieren, einlegen und zuletzt die Kaisergranatschwänze unter das Gericht mischen.

Mit gehackter Petersilie bestreuen.

Nährwerte pro Portion	
Kilokalorien:	*240*
Kilojoule:	*1000*
Eiweiß/g:	*49*
Kohlenhydrate/g:	*1*
Fett/g:	*5*
Ballaststoffe/g:	*0*

Vieja Fischsuppe

4 Portionen

1 EL Meersalz, 3 Knoblauchzehen, ½ TL Salz, 1 Bund Petersilie, 1 Paprikaschote, 1 g Safran, 250 g Reis, 1 EL Olivenöl, 1 kg Miesmuscheln, 500 g Fischkoteletts: z. B. Kabeljau, Heilbutt, Merlan, 250 g rohe Krabben.

In einem Topf 2 l Wasser mit Meersalz zum Kochen bringen. Knoblauch abziehen, in Stifte schneiden und mit etwas Salz zerquetschen. Petersilie und Paprikaschote waschen, entkernen und kleinschneiden. Mit Safran und dem Knoblauch in das Wasser geben.

Sobald das Wasser kocht, den Reis und das Öl zufügen. Bei mittlerer Hitze köcheln lassen.

In der Zwischenzeit Miesmuscheln waschen und bürsten. Nach 15 Minuten den Fisch zugeben und die Suppe unter dem Siedepunkt halten. Ist der Fisch gar, die Koteletts herausheben, vierteln und dabei von den Gräten lösen.

Miesmuscheln und Krabben zugeben und noch 5 Minuten ziehen lassen. Zuletzt die Fischstücke wieder einlegen.

Variante:
Den Fisch kurz anbraten, die Gräten entfernen, Fisch zerkleinern und statt Reis Kartoffeln verwenden.

Nährwerte pro Portion	
Kilokalorien:	*450*
Kilojoule:	*1900*
Eiweiß/g:	*47*
Kohlenhydrate/g:	*52*
Fett/g:	*8*
Ballaststoffe/g:	*1*

Cipollata

Ein bäuerliches Gericht aus Mittelitalien. Mit Brühe zubereitet, wird daraus eine dicke Suppe. Nur mit Ei und Parmesan gebunden, ähnelt die Mischung Rühreiern.

4 Portionen

3 EL Olivenöl, 150 g magerer geräucherter Schweinebauch, 800 g Zwiebeln, 2 Stengel Basilikum, 400 ml Tomatenpüree oder 1 kleine Dose geschälte Tomaten mit ihrem Saft, 400 g, Salz, frisch gemahlener Pfeffer, 1 Messerspitze Chilipulver, 8 Scheiben Stangenweißbrot, 1 Knoblauchzehe, 4 EL Olivenöl, 1 l Geflügelbrühe, 3 EL frisch geriebener Parmesan.

Das Öl in einem weiten Topf erhitzen und den Schweinebauch darin anbraten. Zwiebelscheiben zugeben und anschwitzen. Basilikumzweige zugeben und die pürierten Tomaten einrühren. Mit Salz, Pfeffer und Chilipulver würzen. Den Topf zudecken und bei kleinster Hitze ca. 1 Stunde köcheln lassen. Ab und zu umrühren, damit nichts anlegt. Die Zwiebeln sollen weitgehend zerfallen.

Inzwischen die Weißbrotscheiben mit der halbierten Knoblauchzehe abreiben und im Öl goldgelb braten.

Nach der Garzeit die Cipollata mit der Brühe aufgießen, mit frisch geriebenem Parmesan binden und abschmecken.

Traditionell legt man je 2 Brotscheiben in den Suppenteller und füllt die Cipollata darüber. Sie können die Croûtons aber auch getrennt dazu reichen.

Um die Cipollata mit Ei zu binden, vermischt man den Parmesan mit 3 geschlagenen Eiern, nimmt die kochendheiße Tomaten-Zwiebelmischung nach der Garzeit vom Herd und rührt die Eier ein, stocken lassen.

Nährwerte pro Portion	
Kilokalorien:	*990*
Kilojoule:	*4130*
Eiweiß/g:	*38*
Kohlenhydrate/g:	*42*
Fett/g:	*67*
Ballaststoffe/g:	*9*

Gratinierte französische Zwiebelsuppe

4 Portionen

200 g Zwiebeln, 1 EL Butterschmalz, Salz, Pfeffer,
1 Messerspitze gemahlener Kümmel, 1 TL provenzalische Kräutermischung,
20 g Mehl, ¾ l Fleischbrühe,
¼ l Weißwein,
4 Scheiben Weißbrot,
100 g geriebener Gruyère, Emmentaler oder junger Gouda.

Die Zwiebeln abziehen, halbieren und in dünne Scheiben schneiden. Das Schmalz in einem weiten Topf zerlassen und die Zwiebeln darin goldgelb braten. Alle Gewürze einrühren und das Mehl darüberstäuben. Kurz anschwitzen lassen und unter rühren die Brühe angießen. Wein zugeben und die Suppe auf schwacher Hitze 15 Minuten köcheln lassen, abschmecken.

Weißbrotscheiben toasten oder kurz im Backofen trocknen. Je eine Brotscheibe in feuerfeste Suppentassen legen und den Reibkäse dick daraufhäufen.

Die fertige Zwiebelsuppe über die Käsecroûtons gießen, diese steigen dabei an die Oberfläche. Zwiebelsuppe kurz unter den vorgeheizten Grill stellen und gratinieren, bis der Käse zerläuft.

Eine Suppe für jede Tageszeit, besonders im Winter und in der späten Nacht mit lieben Gästen.

Nährwerte pro Portion	
Kilokalorien:	*330*
Kilojoule:	*1360*
Eiweiß/g:	*14*
Kohlenhydrate/g:	*34*
Fett/g:	*13*
Ballaststoffe/g:	*3*

Käsesuppe aus Cantal

4 Portionen

500 g altes Weißbrot in Scheiben, 3 Knoblauchzehen, abgezogen und zerquetscht,
1 kg Zwiebeln, abgezogen und in Ringe geschnitten,
50 g Butter, 300 g Cantalkäse, gerieben, 1 l Brühe,
½ l Weißwein.

Weißbrotscheiben mit dem Knoblauch und den Zwiebelringen goldgelb in Butter anbraten.

In einer feuerfesten Suppenschüssel abwechselnd eine Lage Weißbrotscheiben, Käse und Zwiebeln füllen. Mit Brühe und Weißwein aufgießen.

Im vorgeheizten Backofen bei 180° C 30 Minuten überbacken.

Die Suppe soll heiß in einer feuerfesten Suppenschüssel serviert werden, um ihren vollen Geschmack zu entfalten.

Nährwerte pro Portion	
Kilokalorien:	*740*
Kilojoule:	*3100*
Eiweiß/g:	*31*
Kohlenhydrate/g:	*69*
Fett/g:	*37*
Ballaststoffe/g:	*5*

Gazpacho

Gazpacho ist eine kalte Suppe für heiße Tage in Andalusien. Es gibt viele Rezept-Variationen, jedenfalls muß alles gut gekühlt und pikant abgeschmeckt sein.

4 Portionen

1 grüne Paprikaschote,
200 g sehr reife Tomaten,
1 kleine Salatgurke,
100 g frische Weißbrotbrösel,
1 Messerspitze Kümmel,
1 Knoblauchzehe, 1 kleine rote Chilischote, 1 Eigelb,
1 Prise Salz, etwas frisch gemahlener Pfeffer,
100 ml Olivenöl,
4 EL Sherryessig oder anderer nicht zu scharfer Weinessig, ¾ l Fleisch- oder Geflügelbrühe

Garnierung:
100 g Weißbrotwürfel, 1 EL Butter, 1 Zwiebel, feingehackt, 1 Paprikaschote oder Stücke von verschiedenfarbigen Schoten, feingewürfelt, 1 Stück Salatgurke, entkernt und gewürfelt, 2 reife Tomaten, gehäutet, entkernt und gewürfelt.

Paprikaschote, Tomaten und Gurke waschen und in Stücke schneiden (Schale an der Gurke lassen, Kerne auskratzen). Gemüse im Mixer pürieren und dabei nach und nach die Brotbrösel zugeben. Die Mischung 1–2 Stunden in den Kühlschrank stellen.

Inzwischen die Mayonnaise zubereiten: Kümmel, abgezogenen Knoblauch und entkernte Chilischote im Mörser stoßen. Eigelb, Salz,

und Pfeffer zugeben und das Öl tropfenweise unterschlagen. Zuletzt den Essig in die Mayonnaise rühren.

Die gekühlte Gazpacho-Mischung mit der Mayonnaise verrühren und mit der Brühe aufgießen. Alles durch ein Sieb streichen. Abschmecken und bis zum Servieren wieder kühlen.

Weißbrotwürfel rösten und die gehackten Gemüseeinlagen in den Kühlschrank stellen.

Man verteilt die Gazpacho-Suppe tellerweise, und jeder nimmt sich selbst von den Einlagen.

Nährwerte pro Portion	
Kilokalorien:	*420*
Kilojoule:	*1760*
Eiweiß/g:	*7*
Kohlenhydrate/g:	*30*
Fett/g:	*29*
Ballaststoffe/g:	*4*

Zarzuela

6 Portionen

400 g Kabeljau am Stück, 400 g Seeteufel (Lotte), 400 g Heilbutt, 200 g gehäutete Seppioline (Mini-Tintenfische), 6 rohe Langostinos oder Gambas oder andere große Garnelen, 1 kg gemischte frische Muscheln und Meeresschnecken nach Marktangebot.
2 große Gemüsezwiebeln, 600 g, 200 ml Olivenöl, 3 Knoblauchzehen, 4 große Fleischtomaten, 1 Bund glatte Petersilie, Salz, frisch gemahlener weißer Pfeffer, 1 l Weißwein, 200 g TK-Erbsen, besser: frisch gepalte Erbsen.

Fisch und Meeresfrüchte waschen und trockentupfen. Fisch in gleichmäßige Koteletts oder große Stücke teilen, Tintenfische ganz lassen, Garnelen der Länge nach halbieren und den Darm entfernen, Muscheln schrubben und evtl. den Bart entfernen.

Gemüsezwiebeln fein hacken. In einer großen Pfanne die Hälfte des Olivenöls erhitzen. Fisch, Tintenfische und Garnelen darin rundherum anbraten. Dann Herausheben und in einen weiten Topf legen. Restliches Olivenöl in die Pfanne geben und die Muscheln bei stärkster Hitze so lange wenden und braten, bis sich alle geöffnet haben. Muscheln und Bratensatz ebenfalls in den Topf umfüllen.

Knoblauchzehen abziehen und fein hacken. Fleischtomaten brühen, häuten, entkernen und würfeln. Petersilie waschen, trockenschleudern, grobe Stengel entfernen und die Blätter hacken. Alles in den Topf geben, mit Salz und frisch gemahlenem Pfeffer bestreuen und bei guter Mittelhitze 2 bis 3 Minuten dünsten.

Weißwein angießen, Erbsen über das Gericht streuen und die Flüssigkeit einmal aufkochen. Hitze abschalten, Topf leicht zudecken und das Gericht 10 Minuten ziehen lassen. Mit Salz und Pfeffer abschmecken.

Zarzuela im Kochtopf oder in einer großen Schüssel servieren. Dazu gibt es Weißbrotscheiben, in Knoblauch und Öl geröstet.

Nährwerte pro Portion	
Kilokalorien:	*790*
Kilojoule:	*3300*
Eiweiß/g:	*64*
Kohlenhydrate/g:	*16*
Fett/g:	*46*
Ballaststoffe/g:	*6*

Kabeljau im Gemüsebett

Dieses Gericht ist einfach, sehr gut und attraktiv. Bei der Zubereitung müssen Sie allerdings etwas flexibel sein, denn die Gemüsemenge richtet sich nach der Größe des Fisches, und dessen Größe wiederum nach Ihrer längsten Ofenform. Das Gericht reicht aber immer für 4 Portionen. Die Abbildungen der einzelnen Arbeitsschritte werden Ihnen sicherlich helfen.

4 Portionen

1 Kabeljau ohne Kopf, Salz, frisch gemahlener Pfeffer,
4 Blättchen Salbei oder
½ Bund Basilikum,
1 TL Rosmarinnadeln,
1 Bund glatte Petersilie.

Gemüsebett:
Die Hälfte des Gemüsebetts besteht aus Fleischtomaten. Außerdem: grüne und gelbe Paprikaschoten, Zucchini, Stangensellerie, weiße Rübchen, Frühlingszwiebeln oder dünne Lauchstangen, reichlich Knoblauchzehen im ganzen, schwarze und grüne Oliven, kleine neue Kartoffeln, Olivenöl für Form und Fisch.

Zum Begießen:
Fischfond und Weißwein, halb und halb.

Vom Fisch alle Flossen außer der Schwanzflosse abschneiden, schuppen und waschen, Kabeljau am Rücken und auf beiden Seiten mehrfach einschneiden. Fisch innen und außen mit Salz und Pfeffer einreiben. Die Kräuter fein hacken und in die Einschnitte reiben.

Tomaten nicht häuten, aber entkernen, sie liefern die saftige Unterlage für das Gericht und dürfen nicht zu stark zerfallen. Das Gemüse putzen und in so große Stücke schneiden, daß sie gleichmäßig garen.

Etwas Olivenöl in die Form geben. Zuunterst die Tomaten legen, dann die anderen Gemüse gleichmäßig verteilen und das Gemüsebett auf dem Herd andünsten. Den gewürzten Fisch auflegen und leicht in das Bett drücken.

Oliven und Kartoffeln zugeben und alles mit Salz und Pfeffer bestreuen. Den Fisch mit Öl beträufeln. In das Gemüsebett Fischfond und Weißwein gießen, etwa 1 cm hoch.

Die Form in den vorgeheizten Backofen stellen und den Kabeljau im Gemüsebett bei 210° C ca. 30 Minuten garen. Garprobe an der Mittelgräte und bei den Kartoffeln machen!

Das fertige Gericht in der Form auftragen.

Krabben Stroganoff

4 Portionen

4 Zwiebeln, 4 Tomaten,
1 Bund Petersilie, geschnitten,
1 Bund Schnittlauch, gehackt,
4 EL Olivenöl,
1 EL Tomatenmark,
1 TL gemahlener Kreuzkümmel, 4 Kartoffeln,
1 Dose Mais, 250 g, Salz,
Pfeffer, 500 g gekochte Krabben, 150 g Schlagsahne,
1 Bund Petersilie, geschnitten, 1 Bund Schnittlauch, gehackt.

Zwiebeln abziehen und hacken. Tomaten würfeln. Kräuter waschen und kleinschneiden. Alles in Öl kurz anbraten. Tomatenmark hinzugeben und mit dem Kümmel würzen. Kartoffeln schälen und würfeln und mit dem Mais zugeben. Würzen. Wenn die Kartoffeln nach 10 Minuten gar sind, die Krabben hinzufügen. 3 Minuten dünsten lassen. Sahne halbsteif schlagen, vorsichtig unterziehen. Petersilie und Schnittlauch zugeben.

Nährwerte pro Portion	
Kilokalorien:	*740*
Kilojoule:	*3100*
Eiweiß/g:	*35*
Kohlenhydrate/g:	*65*
Fett/g:	*37*
Ballaststoffe/g:	*12*

Ochrida-Fischtopf

4 Portionen

1 Zwiebel, 250 g Kartoffeln,
700 g Goldbarschfilets,
1 Zitrone, Salz, 30 g Butter,
½ TL Rosenpaprikagewürz,
2 EL Tomatenmark,
2 EL Paprikamark, 2 Essiggurken, 1 EL Kapern, Pfeffer, 3 EL saure Sahne, 1 Bund Schnittlauch.

Zwiebel abziehen und kleinschneiden. Kartoffeln waschen, schälen und in schmale Schnitze schneiden. Fisch säubern, mit Zitrone säuern und salzen.

In einer Pfanne mit einem etwas höheren Rand die Zwiebel in der Butter andünsten. Die Kartoffeln zugeben und mit Paprika bestäuben. Mit Wasser aufgießen. Tomaten- und Paprikamark zugeben und dann gut umrühren.

Essiggurken in Streifen schneiden und mit den Kapern zufügen. Eine schöne sämige Sauce kochen. Salzen und pfeffern.

Zuletzt den Fisch einlegen, saure Sahne zugeben und 10 Minuten in der Sauce bei geschlossenem Deckel ziehen lassen.

Schnittlauch waschen, in Röllchen schneiden und über das Gericht streuen.

Nährwerte pro Portion	
Kilokalorien:	*380*
Kilojoule:	*1610*
Eiweiß/g:	*34*
Kohlenhydrate/g:	*15*
Fett/g:	*18*
Ballaststoffe/g:	*2*

Miroton

4 Portionen

1 kg Rindfleisch zum Braten, 500 g Zwiebeln, abgezogen, 5 EL Olivenöl, 4 Sardellenfilets, 1 Salatgurke, geschält, 1 Bund Petersilie, gehackt, ⅛ l Weißwein.

Das Fleisch in Würfel, die Zwiebeln in Ringe schneiden und in Olivenöl anbraten. Sardellenfilets und Gurke in Stücke schneiden und mit gehackter Petersilie in eine Form füllen. Seitlich Weißwein dazugießen. 20 Minuten im vorgeheizten Backofen bei 180° C backen.

Nährwerte pro Portion	
Kilokalorien:	*720*
Kilojoule:	*3040*
Eiweiß/g:	*56*
Kohlenhydrate/g:	*8*
Fett/g:	*46*
Ballaststoffe/g:	*4*

Muscheltopf marinara

4 Portionen

500 g Tomaten, 250 g Zwiebeln, 2 Knoblauchzehen, 1 Bund Petersilie, 3 EL Olivenöl, 1 Flasche Weißwein, Salz, einige Pfefferkörner, 2 Lorbeerblätter, 1 kg Muscheln, z. B.: Vongole veraci, Venusmuscheln, Herzmuscheln oder Miesmuscheln, ½ Bund Basilikum.

Tomaten waschen und würfeln. Zwiebeln und Knoblauch abziehen, Zwiebeln hacken, Knoblauch in Stifte schneiden. Petersilie waschen, grobe Stiele entfernen, Blätter hacken.

Zwiebeln und Knoblauch in Olivenöl andünsten, Tomaten zugeben. Weißwein, 1 TL Salz, Pfefferkörner und Lorbeerblätter zufügen. 10 Minuten weiter dünsten.

In der Zwischenzeit Muscheln vorbereiten: waschen, bürsten und eventuell den Bart entfernen. Erst, wenn der Sud einmal aufkocht, Muscheln und Basilikumblättchen einlegen. Deckel aufsetzen und bei starker Hitze 5 Minuten schmoren lassen, bis die Muscheln geöffnet sind. Muscheln, die danach noch geschlossen sind, kann jeder selbst aus seiner Portion entfernen.

Dazu schmeckt Weißbrot, mit Butter und Knoblauch geröstet.

Nährwerte pro Portion	
Kilokalorien:	*210*
Kilojoule:	*870*
Eiweiß/g:	*13*
Kohlenhydrate/g:	*13*
Fett/g:	*10*
Ballaststoffe/g:	*4*

Winzertopf

4 Portionen

¾ l trockener Weißwein, 1 l Fleischbrühe, 1 EL Wacholderbeeren, 2 Nelken, Senfkörner, 250 g Zwiebeln, 250 g Porree, 250 g Möhren, 4 Scheiben Schweinenacken à 150 g, Salz, Pfeffer.

Wein und Fleischbrühe mit den Gewürzen 10 Minuten kochen. Zwiebeln abziehen, in Ringe schneiden. Porree und Möhren putzen und in Scheiben schneiden. Zwiebeln und Möhren 10 Minuten im Sud kochen, zuletzt den Porree zugeben. Nach 5 Minuten 4 Scheiben Schweinenacken einlegen und alles 30 Minuten köcheln lassen. Mit Salz und Pfeffer würzen.

Nährwerte pro Portion	
Kilokalorien:	*740*
Kilojoule:	*3100*
Eiweiß/g:	*46*
Kohlenhydrate/g:	*10*
Fett/g:	*58*
Ballaststoffe/g:	*5*

Schnitz

4 Portionen

500 g Möhren, 350 g Kartoffeln, 125 g Sellerie, 1 Stange Porree, 250 g Blumenkohl, 250 g Rinderhackfleisch, 50 g Butter, Salz, Pfeffer, 1 Bund Petersilie.

Möhren, Kartoffeln, Sellerie und Porree waschen, putzen und schälen, dann in feine Scheiben schneiden.

Blumenkohl einige Zeit in Salzwasser legen, waschen und dann in Röschen teilen.

In einem Topf das Rinderhack kurz in Butter anbraten, dann das geputzte Gemüse zugeben. Mit Salz und Pfeffer würzen. 1½ l Wasser zugießen. Bei mittlerer Hitze 30 Minuten köcheln lassen.

Petersilie waschen, grob hacken und über das Gericht streuen.

Nährwerte pro Portion	
Kilokalorien:	*380*
Kilojoule:	*1600*
Eiweiß/g:	*22*
Kohlenhydrate/g:	*27*
Fett/g:	*20*
Ballaststoffe/g:	*13*

Pfefferpotthast

4 Portionen

1 kg Zwiebeln, 1 kg Rindfleisch zum Braten vom Bug, 50 g Butterschmalz, 1 TL Salz, Pfeffer aus der Mühle, einige Pfefferkörner, 3 Lorbeerblätter, 1 l Brühe, ½ Bund Petersilie, 1 Gewürzgurke, 1 EL Kapern, Saft von ½ Zitrone, einige Pimentkörner, 1 Schuß dunkles Bier.

Zwiebeln abziehen und würfeln. Das Fleisch in grobe Würfel schneiden und in Butterschmalz kräftig anbraten. Mit Salz und frischem Pfeffer würzen. Zwiebeln dazugeben, umrühren und einige Minuten mitbraten, bis die Zwiebeln eine hellbraune Farbe angenommen haben. Pfefferkörner, Lorbeerblätter dazugeben und mit der Brühe aufgießen. 1 Stunde sanft köcheln lassen. Petersilie waschen und schneiden.

Eine pikant eingelegte Gewürzgurke hacken. Kapern grob schneiden und mit etwas Zitronensaft und einigen Pimentkörnern in den Topf geben. Ein Schuß dunkles Bier, eine Umdrehung frischer Pfeffer aus der Mühle und die Petersilie runden das Gericht ab.

Die Westfalen essen zu diesem typischen Gericht am liebsten Stilmus und Salzkartoffeln.

Nährwerte pro Portion	
Kilokalorien:	*600*
Kilojoule:	*2500*
Eiweiß/g:	*54*
Kohlenhydrate/g:	*17*
Fett/g:	*28*
Ballaststoffe/g:	*8*

Busecca Kutteln

4 Portionen

1 kg Kalbskutteln, vorgekocht, 500 g Zwiebeln, 4 Knoblauchzehen, 500 g Möhren, 1 Kalbsfuß, 1 Bund Suppengrün: 1 Möhre, ½ Bund glatte Petersilie, 30 g Sellerie, 40 g Porree, Salz, einige Pfefferkörner, 50 g durchwachsener Speck, 150 g grüne Bohnen, 3 große Kartoffeln, 2 Zweige Bohnenkraut, 30 g Butter, 150 g Erbsen, Pfeffer, ⅛ l Weißwein, 1 Schuß Calvados.

Die Kutteln werden in halbfingerdicke Stücke geschnitten und ergeben, in einer würzigen Suppe gekocht, ein schmackhaftes Gericht.

Zwiebeln und Knoblauch abziehen und fein hacken. Möhren putzen und in Stücke schneiden.

Kalbsfuß mit dem Suppengrün, Salz und einigen Pfefferkörnern in 2 l kaltem Wasser zusetzen und zum Kochen bringen. Zwischendurch abschäumen.

In der Zwischenzeit Speck würfeln, Bohnen waschen und teilen. Kartoffeln waschen, schälen, würfeln. Bohnenkraut waschen und abrebeln.

Nach 40 Minuten die Brühe abseihen.

Butter in einem Topf erhitzen, Speckwürfel darin auslassen. Zwiebeln und Knoblauch dazugeben, goldgelb anlaufen lassen.

Kartoffelwürfel, Erbsen, Bohnen, Bohnenkraut, Kutteln und Möhren zufügen. Salzen, pfeffern und mit Weißwein und Calvados löschen, mit der Brühe aufgießen und noch 15 Minuten köcheln lassen.

Nährwerte pro Portion	
Kilokalorien:	*860*
Kilojoule:	*3600*
Eiweiß/g:	*61*
Kohlenhydrate/g:	*50*
Fett/g:	*42*
Ballaststoffe/g:	*16*

Irish Stew

4 Portionen

800 g Lammfleisch, Halsgrat oder der obere Teil des Kotelettstücks, 800 g Kartoffeln, 500 g Zwiebeln, Salz, Pfeffer, ½ l Fleischbrühe, ½ Bund glatte Petersilie.

Auf dem Kontinent ist die bekanntere Variante folgende:

600 g Lammfleisch, 300 g Weißkohl, 500 g Kartoffeln, Fett für die Form, 1 Lorbeerblatt, zerrieben, 1 TL Thymian, Pfeffer, Salz, ½ l Fleischbrühe.

Das Originalrezept wird nicht mit Weißkohl, sondern mit Zwiebeln zubereitet:

Fleisch waschen, abtrocknen und in Würfel von ca. 50 g schneiden. Kartoffeln waschen, schälen und in Scheiben schneiden. Zwiebeln abziehen und halbieren.

Alles in einen großen Topf geben, salzen, kräftig pfeffern und mit der Fleischbrühe aufgießen.

Petersilie waschen, von den Stielen befreien, hacken und zugeben. Irish Stew im halb geschlossenen Topf 1½ Stunden köcheln lassen.

Nährwerte pro Portion	
Kilokalorien:	*740*
Kilojoule:	*3090*
Eiweiß/g:	*53*
Kohlenhydrate/g:	*41*
Fett/g:	*34*
Ballaststoffe/g:	*8*

Variante:
Das Fleisch waschen, trockentupfen und in 5 cm große Stücke schneiden. Den Weißkohl waschen, vierteln und von den harten Strünken befreien. In Scheiben schneiden. Kartoffeln waschen, schälen und ebenfalls in Scheiben schneiden.

Eine feuerfeste Form fetten, lagenweise das Fleisch, den Weißkohl und die Kartoffeln hineinschichten. Jede Schicht würzen. Die oberste Schicht soll aus Kartoffeln bestehen. Fleischbrühe zugießen. Den Deckel aufsetzen und das Gericht im vorgeheizten Backofen bei 180° C 60 bis 70 Minuten garen lassen.

Nährwerte pro Portion	
Kilokalorien:	*460*
Kilojoule:	*1940*
Eiweiß/g:	*32*
Kohlenhydrate/g:	*24*
Fett/g:	*23*
Ballaststoffe/g:	*4*

Schweinefleisch, orientalisch

4 Portionen

400 g mageres Schweinefleisch, 2 Zwiebeln, 250 g Äpfel, 250 g Kartoffeln, 150 g Tomaten, 1 rote und 1 grüne Paprikaschote, 3 EL Öl, 2 TL Curry, ⅛ l Brühe, 1 kleine Dose Ananasstücke, 200 g, Salz, Chilipulver, 2 Bananen, 20 Perlzwiebeln.

Schweinefleisch in grobe Würfel schneiden, Zwiebeln abziehen, hacken. Äpfel und Kartoffeln schälen und in nicht zu kleine Stücke schneiden. Tomaten würfeln. Paprikaschoten waschen, entkernen und in Streifen schneiden.

Fleisch in einem Bräter in 2 EL Öl scharf anbraten. Zwiebeln zugeben und glasig dünsten. Den Curry anstäuben, Äpfel, Kartoffeln, Tomaten und Paprikaschoten zugeben und mit ⅛ l Brühe unter Rühren andünsten. Zugedeckt bei schwacher Hitze 20 Minuten schmoren.

Die Ananasstücke abtropfen lassen und vorsichtig unterheben. Mit Salz, Curry und Chilipulver pikant abschmecken. Bananen schälen, der Länge nach halbieren und im restlichen Fett goldgelb braten. Perlzwiebeln abtropfen lassen, kurz mit den Bananen erhitzen und beides auf dem Eintopf anrichten. Heiß servieren.

Nährwerte pro Portion	
Kilokalorien:	*450*
Kilojoule:	*1890*
Eiweiß/g:	*25*
Kohlenhydrate/g:	*42*
Fett/g:	*17*
Ballaststoffe/g:	*9*

Ossobuco

Selbstverständlich muß das Gericht nicht im Püreerand serviert werden. So ist allerdings „alles in einem Topf“, praktisch und hübsch anzusehen. Statt Kartoffelpüree passen als Beilage Kroketten, Nudeln oder Risotto.

4 Portionen

1 Zwiebel, 2 Knoblauchzehen, 1 große Möhre, 1 Petersilienwurzel, 1 Stengel Staudensellerie, 4 Beinscheiben vom Kalb, Mehl, 30 g Butter, Salz, Pfeffer, 1/8 l Weißwein, 5 EL Tomatenpüree, 1/8 l Fleischbrühe, 1/2 TL getrockneter Oregano.

Kartoffelpüree:

1 kg Kartoffeln, Salz, 50 g Butter, 350 ml Milch, frisch geriebene Muskatnuß, Butter für die Form.

Zwiebel und Knoblauchzehen abziehen und fein hacken. Das Gemüse waschen, schälen bzw. putzen und sehr fein würfeln.

Beinscheiben in Mehl wenden. Butter in einem Schmortopf zerlassen und die Beinscheiben darin auf beiden Seiten goldgelb braten. Salzen und pfeffern, den Weißwein angießen und verdunsten lassen.

Zwiebel, Knoblauch und das Gemüse in den Topf streuen und andünsten. Tomatenpüree mit Fleischbrühe und Oregano verrühren und über die Beinscheiben verteilen. Topfdeckel schließen und das Gericht gut 1 Stunde schmoren lassen, Beinscheiben ab und zu wenden. Das Fleisch soll butterweich werden. Wie lange es genau dazu braucht, hängt von der Stärke der Beinscheiben ab.

Inzwischen das Kartoffelpüree zubereiten: Kartoffeln schälen, grob zerteilen und in Salzwasser garkochen. Abgießen, abdämpfen und noch heiß durch die Kartoffelpresse drücken. Das Püree mit Butterstückchen und heißer Milch sämig aufschlagen, mit Salz und frisch geriebener Muskatnuß abschmecken.

Den Backofen auf höchste Temperatur vorheizen. Eine feuerfeste Form mit etwas Butter ausstreichen. Wenn das Fleisch weich ist, das Püree um den Rand der Form spritzen. Die Form 5 Minuten auf der mittleren Schiene in den Backofen stellen oder so lange, bis das Püree Farbe annimmt.

Die Form aus dem Backofen nehmen, Ossobuco in den Kartoffelring füllen und alles in der Form servieren.

Dazu paßt gemischter Salat.

Nährwerte pro Portion	
Kilokalorien:	*650*
Kilojoule:	*2710*
Eiweiß/g:	*30*
Kohlenhydrate/g:	*54*
Fett/g:	*30*
Ballaststoffe/g:	*7*

Pichelsteiner

4 Portionen

250 g Schweinefleisch von der Oberschale, 250 g Kalbfleisch, Schulterstück, 250 g Rindfleisch vom Hals, Butter für die Form, 400 g Kartoffeln, Salz, Pfeffer, 100 g Knochenmark, in Scheiben geschnitten, insgesamt 400 g Gemüse: Möhren, Lauch, Zwiebeln, Knollensellerie, 2 EL Butter, ⅛ l Brühe, 1 Bund krause Petersilie.

Fleisch in feine Streifen schneiden. Eine feuerfeste Form ausfetten. Kartoffeln waschen, schälen, in Scheiben schneiden. Abwechselnd eine Lage Kartoffeln, eine Lage Fleisch in die Form füllen. Jede Lage mit Salz und Pfeffer bestreuen. Dazwischen die Markscheiben legen.

Das Gemüse putzen und feinblättrig in einer weiteren Lage über die Kartoffeln schichten.

Die letzte Schicht besteht aus Kartoffelscheiben. Butterflöckchen darübersetzen und seitlich mit Brühe angießen. Im Backofen 90 Minuten bei 180° C garen.

Petersilie waschen, hacken und über das Gericht streuen.

Nährwerte pro Portion	
Kilokalorien:	*640*
Kilojoule:	*2700*
Eiweiß/g:	*54*
Kohlenhydrate/g:	*21*
Fett/g:	*39*
Ballaststoffe/g:	*6*

Italienischer Rindfleischtopf

4 Portionen

1 große Aubergine, Salz, Olivenöl zum Braten, 400 g weiße Zwiebeln, 2 Mozzarellakäse, 700 g Rindfleisch aus der Keule, z. B. Rosenspitz, vom Metzger in sehr dünne Scheiben geschnitten, Salz, frischgemahlener schwarzer Pfeffer, 1 EL getrockneter Oregano, 100 ml Olivenöl, fingerdicke Weißbrotscheiben zum Abdecken der Form, ca. 50 g, 2 EL geriebener Parmesankäse, 1 runde Backofenform von 18–20 cm Durchmesser.

Die geputzte Aubergine in Scheiben schneiden, salzen und in einem Sieb abtropfen lassen. Die Scheiben auf Küchenkrepp trocknen. Reichlich Olivenöl in einer weiten Pfanne erhitzen und die Gemüsescheiben darin von beiden Seiten goldbraun braten. Auf Küchenkrepp abtropfen lassen. Zwiebeln abziehen und in dicke Scheiben schneiden. Abgetropfte Mozzarellakäse ebenfalls in Scheiben schneiden.

Den Boden der Form dicht mit Fleisch belegen. Schwach salzen und pfeffern. Darauf eine Schicht Zwiebelscheiben geben und mit etwas Oregano bestreuen. Dann folgt eine Lage Fleisch, schwach würzen, Auberginenscheiben, Mozzarella, mit Oregano bestreuen, und wieder Fleisch. Die Lagen sollten mit Zwiebelscheiben abschließen. Darüber das Olivenöl träufeln und die Form mit Pergamentpapier und Küchengarn fest verschließen.

Den Rindfleischtopf im vorgeheizten Backofen bei 160° C auf der untersten Schiene 1½ Stunden schmoren lassen.

Nach der Garzeit den Topf öffnen, die oberste Schicht mit Weißbrot belegen und mit geriebenen Parmesan bestreuen. Entweder unter dem vorgeheizten Grill goldbraun überbacken oder bei 250° C auf der mittleren Schiene im Backofen gratinieren bis der Käse die gewünschte Farbe hat.

Das Gericht im Topf servieren. Zu jeder Portion noch etwas von der Schmorflüssigkeit geben.

Dazu passen dick eingekochte Tomaten, mit Salz, Pfeffer, und 1 Prise Zucker gewürzt.

Nährwerte pro Portion	
Kilokalorien:	*830*
Kilojoule:	*3460*
Eiweiß/g:	*56*
Kohlenhydrate/g:	*16*
Fett/g:	*54*
Ballaststoffe/g:	*4*

Türlü güvec

Ein türkischer gehaltvoller Schmortopf

4 Portionen

700 g Lammschulter samt Knochen, 3 Knoblauchzehen, 700 g Zwiebeln, 1 Bund Petersilie, 250 g Zucchini, 500 g frische Tomaten oder aus der Dose, 50 g gehackte Mandeln, ⅛ l Olivenöl, 1 TL Salz, Pfeffer aus der Mühle, je 1 frischer Zweig Thymian und Rosmarin, 50 g Sultaninen, ½ TL Zimt, 500 g Okraschoten, 1 EL Zitronensaft.

Fett vom Fleisch entfernen. Anschließend das Fleisch mit einem scharfen Messer vom Knochen lösen und in große Würfel schneiden. Abdecken.

Knoblauch abziehen und auf einem Plastikbrettchen hacken. Zwiebeln abziehen und würfeln, oder mit der Küchenmaschine in dicke Scheiben schneiden.

Knoblauch und Zwiebeln mit Küchenfolie abdecken. Petersilie waschen, von den Stielen befreien und hacken. Ebenfalls mit Folie abdecken.

Zucchini waschen, putzen und in größere Stücke schneiden. Tomaten waschen, Blüten herausdrehen, häuten, vierteln und entkernen.

In einem Bräter die Mandeln, die Zwiebeln und den Knoblauch in Öl goldgelb anbraten.

Die Lammfleischwürfel auf das Zwiebelbett geben und mit Salz und Pfeffer kräftig würzen. Thymian und Rosmarin abrebeln und mit der Petersilie darüberstreuen. Sultaninen, ¼ l Wasser und Zimt zugeben. Okraschoten putzen.

Seitlich den abgelösten Knochen in den Bräter legen, obenauf das Gemüse und die Okraschoten häufen. Etwas Zitronensaft darüberträufeln.

Backofen auf 200° C vorheizen und den Eintopf gut 1 Stunde bei 180° C schmoren lassen.

Variante:
Frische Okraschoten verwenden, dafür verlängert sich aber die Kochzeit, da die Okraschoten eine lange Garzeit haben. Zitronensaft zusetzen, da die Schoten etwas schleimen.

Nährwerte pro Portion	
Kilokalorien:	*1000*
Kilojoule:	*4200*
Eiweiß/g:	*42*
Kohlenhydrate/g:	*30*
Fett/g:	*81*
Ballaststoffe/g:	*10*

Serbischer Krauttopf

Am Vortag zubereiten.

4 Portionen

100 g Backpflaumen, 20 g getrocknete Pilze, 150 g Tomaten, 100 g durchwachsener Speck, 1 Zwiebel, 1 Knoblauchzehe, 40 g Butterschmalz, 1 TL Majoran, Salz, Pfeffer aus der Mühle, 250 g Schweineschulter, 150 g Hartwurst, ¼ l Fleischbrühe, 500 g Wirsing, 250 g Sauerkraut, ¼ l Rotwein, 2 Paar Frankfurter Würstchen.

Pflaumen und Pilze 1 Stunde in kochendem Wasser vorweichen. Tomaten waschen, überbrühen und häuten und wie den Speck in Würfel schneiden.

Zwiebel und den Knoblauch abziehen und fein hakken. Butterschmalz in einem mittleren Topf erhitzen und Speckwürfel und Zwiebel darin goldgelb anbraten. Tomaten zugeben und mit Majoran, Knoblauch, Salz und Pfeffer würzen. Alles gut vermischen.

Fleisch in 2 cm große Würfel, Hartwurst in Scheiben schneiden. Alles in den Topf geben, Fleischbrühe zugießen und ca. 30 Minuten gar schmoren.

Wirsing waschen, den Strunk herausschneiden und den Kohl würfeln. Den Wirsing in einen zweiten Topf geben, das Sauerkraut und die Pilze zufügen und mit etwas Wasser und Rotwein aufgießen.

Leise köcheln lassen. Unbedingt etwa alle 10 Minuten umrühren.

Fleisch und Kraut mischen und mit Salz abschmecken. Topf verschließen, abkühlen lassen und dann 1 Tag in den Kühlschrank stellen.

Vor dem Anrichten den Krauttopf wieder aufkochen, nicht nur heiß werden lassen.

Frankfurter Würstchen in kleine Stücke schneiden, einlegen und einige Minuten ziehen lassen.

Nährwerte pro Portion	
Kilokalorien:	*700*
Kilojoule:	*2930*
Eiweiß/g:	*38*
Kohlenhydrate/g:	*24*
Fett/g:	*45*
Ballaststoffe/g:	*9*

Fleischragout mit Gemüse

6 Portionen

Je 300 g leicht durchwachsenes Fleisch von Rind, Schwein und Lamm, 200 g geräucherter Schweinebauch, 12 Grillzwiebeln oder Schalotten, 12 gleich große Champignons, 2 große Möhren, 1 dicke Lauchstange, 3 Stengel Staudensellerie.

Gewürzbeutelchen aus:

1 Lorbeerblatt, 1 Stück Zitronenschale, ½ Bund Petersilie, etwas Rosmarin und Thymian, einige Piment- und Pfefferkörner.

1 Knoblauchzehe, 50 g Bratfett, ⅛ l Rotwein, ¼ l Brühe, ½ TL Salz, 1 EL Tomatenmark, 200 g Schlagsahne.

Die Fleischsorten in gleichmäßige Würfel schneiden. Den Schweinebauch etwas kleiner würfeln. Zwiebelchen abziehen und ganz lassen, Champignons putzen und ganz lassen. Möhren, Lauch und Sellerie putzen und in mundgerechte Stücke teilen. Den Gewürzbeutel vorbereiten, Knoblauchzehe abziehen und fein hacken.

Das Bratfett im Schmortopf erhitzen. Fleischwürfel in kleinen Portionen rundherum anrösten und herausheben. Danach Schweinebauch und Gemüse anrösten.

Das Fleisch und den ausgetretenen Saft wieder zugeben. Bei starker Hitze erst den Wein, dann die Brühe angießen. Knoblauch, Salz und Tomatenmark einrühren und das Gewürzbeutelchen einlegen. Das Gericht einmal aufkochen lassen, den Topf fest verschließen und in den vorgeheizten Backofen stellen.

Bei 175° C auf der untersten Schiene schmoren.

Nach etwa 1 Stunde Garzeit nachsehen, ob noch genügend Flüssigkeit im Topf ist. Evtl. heißes Wasser nachgießen. Schmorzeit insgesamt etwa 2 Stunden.

Das Gericht zuletzt mit Sahne verrühren und abschmecken. Sollte die Sauce zu dünnflüssig sein, läßt man sie 15 Minuten im offenen Topf einkochen.

Als Beilage passen Semmelknödel, Teigwaren oder Kartoffelpüree.

Nährwerte pro Portion	
Kilokalorien:	*770*
Kilojoule:	*3220*
Eiweiß/g:	*33*
Kohlenhydrate/g:	*5*
Fett/g:	*63*
Ballaststoffe/g:	*3*

Baeckaoffa

Fleisch am Vorabend marinieren.

4 Portionen

500 g Schweineschulter, 500 g Lammschulter, 1 l trockener badischer Weißwein, einige Wacholderbeeren, Pfefferkörner, 3 Nelken, 1 kg Kartoffeln, 500 g Zwiebeln, Salz, Pfeffer, Majoran, 70 g Butter.

Das Fleisch grob würfeln. In einer Marinade aus Weißwein, Wacholderbeeren, Pfefferkörnern und Nelken einlegen und über Nacht zugedeckt stehen lassen.

Kartoffeln waschen, schälen und in Scheiben schneiden. Zwiebeln abziehen und würfeln. In eine feuerfeste Form abwechselnd eine Schicht Fleisch, Kartoffelscheiben und Zwiebelwürfel legen.

Jede Schicht kräftig mit Salz, Pfeffer und Majoran würzen. Die oberste Schicht bilden die geschnittenen Kartoffeln. Marinade kochen, durchseihen, und knapp bis zur oberen Schicht noch heiß über den Eintopf gießen. Butterflöckchen daraufsetzen und 2 Stunden bei 180° C im Backofen garen. Die letzten 20 Minuten bei offenem Deckel bräunen lassen.

Nährwerte pro Portion	
Kilokalorien:	*860*
Kilojoule:	*3600*
Eiweiß/g:	*52*
Kohlenhydrate/g:	*46*
Fett/g:	*51*
Ballaststoffe/g:	*10*

Lübecker National

4 Portionen

750 g Schweinefleisch aus der Oberschale, 2 TL Salz, 700 g Steckrüben, 700 g Kartoffeln, 2 Zwiebeln, ½ TL weißer Pfeffer, ½ Bund glatte Petersilie, gehackt.

Schweinefleisch in ½ l kaltem Wasser mit 1 TL Salz zusetzen und bei mittlerer Hitze 1 Stunde köcheln lassen.

Inzwischen Steckrüben putzen, Kartoffeln waschen und schälen. Zwiebeln abziehen und alles in grobe Scheiben schneiden.

Das Fleisch aus der Brühe nehmen. Rüben, Kartoffeln und Zwiebeln mit 1 TL Salz hinzugeben. Zugedeckt 30 Minuten garen. Das Fleisch in grobe Würfel schneiden und wieder in die Brühe zum Gemüse geben. Umrühren, pfeffern und mit gehackter Petersilie überstreuen.

Nährwerte pro Portion	
Kilokalorien:	*690*
Kilojoule:	*2900*
Eiweiß/g:	*78*
Kohlenhydrate/g:	*41*
Fett/g:	*43*
Ballaststoffe/g:	*10*

Bohnentopf

6 Portionen

500 g Bohnen, möglichst viele verschiedene Sorten, bunt gemischt, 100 g Linsen, 100 g Grünkern, 1 große Gemüsezwiebel, 3 Knoblauchzehen, ½ Staude Stangensellerie, 1 große Möhre, 4 EL Olivenöl, ¼ l Weißwein, ca. 1,7 l Gemüsebrühe, 20 g getrocknete Steinpilze, vorgeweicht, 1 Lorbeerblatt, 1 gehäufter TL getrocknete Kräuter wie Thymian, Majoran, Rosmarin, Salz, Pfeffer, Sojasauce.

Bohnen über Nacht oder 8 Stunden lang einweichen. In der letzten Stunde die Linsen mit einweichen.

Grünkern im Sieb unter fließendem Wasser waschen.

Zwiebeln und Knoblauchzehen abziehen und fein hakken. Gemüse waschen, putzen und kleinschneiden.

Das Olivenöl in einem Schmortopf erhitzen, Zwiebel, Knoblauch und Gemüse darin andünsten.

Erst den abgetropften Grünkern, dann Bohnen und Linsen zugeben und mit Wein und 1,5 l Gemüsebrühe aufgießen. Die vorgeweichten, abgetropften Steinpilze grob zerteilen und mit dem Lorbeerblatt einlegen. Getrocknete Kräuter einrühren.

Den Deckel auflegen und den Eintopf 1½ Stunden bei schwacher Hitze auf dem Herd garen. Evtl. etwas Brühe nachgießen. Wenn alle Zutaten weich sind, den Eintopf mit etwas Salz, reichlich frischgemahlenem Pfeffer und einem Schuß Sojasauce abschmecken.

Nährwerte pro Portion	
Kilokalorien:	*490*
Kilojoule:	*2040*
Eiweiß/g:	*26*
Kohlenhydrate/g:	*61*
Fett/g:	*12*
Ballaststoffe/g:	*22*

Bosnischer Eintopf

4 Portionen

200 g Zwiebeln, 1 EL Öl, ¾ l Brühe, 300 g dicke weiße Bohnenkerne, frisch gepalt, aus dem Glas oder tiefgefroren, 1 rote Paprikaschote, 500 g säuerliche Äpfel, z. B. Boskop, 2 EL Tomatenmark, 2–3 Spritzer Tabasco, Salz, 1 geräucherte Kochwurst, 250 g, z. B. ungarische Kolbacs, 1–2 EL Slibowitz.

Zwiebeln abziehen und in feine Ringe schneiden. In Öl in einem Schmortopf anbraten. Brühe angießen, die Bohnenkerne unterrühren, alles zugedeckt 10 Minuten kochen.

Paprikaschoten und Äpfel waschen und putzen, entkernen.

In Ringe bzw. in dünne Scheiben schneiden. Beides zur Suppe geben und weitere 5 Minuten kochen. Tomatenmark unterrühren, mit Tabasco und Salz kräftig abschmecken.

Kochwurst pellen, in Scheiben schneiden, kurz in dem Eintopf erhitzen.

Unmittelbar vor dem Servieren mit Slibowitz abschmecken.

Nährwerte pro Portion	
Kilokalorien:	*430*
Kilojoule:	*1800*
Eiweiß/g:	*17*
Kohlenhydrate/g:	*34*
Fett/g:	*26*
Ballaststoffe/g:	*7*

Bohnentopf mit Ente und Schweinshaxe

4 Portionen

250 g Azukibohnen oder andere kleine getrocknete Bohnen, 1 gepökeltes Eisbein, 1 Bund Suppengrün, 1 TL Pfefferkörner, 1 Lorbeerblatt, 1 Zwiebel, mit 3 Nelken gespickt, 1 Ente, 1 Möhre, 2 Stengel Staudensellerie, 1 Bund Frühlingszwiebeln, 2 Knoblauchzehen, 1 EL Entenfett oder Butterschmalz, 1 kleine Kartoffel, ¼ l Bier, Salz, frisch gemahlener schwarzer Pfeffer, 1 Bund Schnittlauch.

Bohnen einige Stunden in kaltem Wasser einweichen (3 bis 4 Stunden genügen).

Eisbein waschen, in einen weiten flachen Topf mit Suppengrün, den Gewürzen und der gespickten Zwiebel geben. Mit Wasser bedecken, zum Kochen bringen und abschäumen. Etwa 30 Minuten köcheln lassen.

Inzwischen die Ente waschen und vierteln. Möhre schälen und grob raffeln. Sellerie waschen, putzen und sehr fein hacken. Frühlingszwiebeln waschen, putzen und in feine Ringe schneiden, Knoblauchzehen abziehen und fein hacken.

Nach 30 Minuten Kochzeit das Eisbein herausheben und den Knochen auslösen, ohne das Fleisch zu sehr zu zerschneiden. Fleisch und Knochen wieder in die Brühe legen, so gart das Fleisch schneller. Ententeile einlegen und so viel Wasser nachfüllen, daß alles knapp bedeckt ist. Deckel leicht auflegen und alles weitere 30 Minuten köcheln lassen.

In einem Schmortopf das Fett erhitzen und alle Gemüse inklusive Knoblauch darin andünsten. Die Kartoffel schälen und in den Topf raspeln. Umrühren und mit dem Bier ablöschen. Die abgetropften Bohnen einrühren.

Eisbein und Ententeile aus der Brühe heben und in die Bohnen legen. So viel Brühe durch ein feines Sieb in den Schmortopf gießen, saß alles knapp bedeckt ist. Weitere 30 Minuten köcheln lassen.

Danach mit Salz und frisch gemahlenem schwarzen Pfeffer abschmecken. Evtl. noch einige Minuten weiter kochen, bis Fleisch und Bohnen weich sind.

Entweder das Gericht im Topf auftragen oder Eisbein und Ente in Scheiben aufschneiden und auf dem Bohnengemüse anrichten.

Schnittlauch waschen, trockenschleudern und sehr fein hacken. Den Eintopf mit Schnittlauch und grobem schwarzem Pfeffer bestreuen.

Ein deftiger Eintopf, nach Art der Neuen Küche erleichtert.

Nährwerte pro Portion	
Kilokalorien:	*880*
Kilojoule:	*3680*
Eiweiß/g:	*51*
Kohlenhydrate/g:	*22*
Fett/g:	*58*
Ballaststoffe/g:	*8*

Blindhuhn

Die Bohnen am Vortag in 2 l kaltem Wasser einweichen.

4 Portionen

200 g weiße Bohnen,
500 g geräucherter Schweinebauch, 200 g grüne Schnittbohnen, 200 g Möhren, geputzt und in Scheiben geschnitten, 200 g säuerliche Äpfel, 200 g Birnen,
2 Zwiebeln gehackt,
20 g Butter, Salz, Pfeffer,
1 Bund Petersilie.

Bohnen mit dem Einweichwasser und dem Schweinebauch 1 Stunde kochen lassen. Das Gemüse dazugeben und weitere 30 Minuten köcheln lassen.

Äpfel und Kochbirnen schälen, vierteln und mit in den Kochtopf geben. Weitere 30 Minuten garen.

Zwiebel in Butter goldgelb anbraten und in den Eintopf geben. Salzen, pfeffern. Petersilie waschen, hacken und über den Eintopf streuen.

Nährwerte pro Portion	
Kilokalorien:	*710*
Kilojoule:	*3000*
Eiweiß/g:	*31*
Kohlenhydrate/g:	*41*
Fett/g:	*47*
Ballaststoffe/g:	*15*

Nudelkuchen

4 Portionen

4 Eier, Salz, Pfeffer,
1 Bund Petersilie, gehackt,
50 g geriebener Parmesan,
150 g Nudeln, 2 EL Olivenöl, 2 EL Butter.

Eier mit Salz, Pfeffer, Petersilie und Parmesan verrühren, grob zerteilte Nudeln dazugeben.

In einer weiten Pfanne erhitzen, die Masse einfüllen und als dicken Pfannkuchen ausbacken.

Nährwerte pro Portion	
Kilokalorien:	*310*
Kilojoule:	*1280*
Eiweiß/g:	*14*
Kohlenhydrate/g:	*11*
Fett/g:	*21*
Ballaststoffe/g:	*1*

Nudelpfanne

4 Portionen

300 g Tomaten, 1 Bund Basilikum, 1 Knoblauchzehe, abgezogen, ca. 150 g Nudeln, 1 TL Oregano, 2 EL Olivenöl, 1 EL Butter, Salz, Pfeffer.

Die Tomaten achteln, Basilikum und Knoblauch in feine Streifen schneiden. Die grob zerteilten Nudeln mit Oregano würzen.

Olivenöl und Butter in einer Pfanne erhitzen und alle Zutaten darin braten, bis die Flüssigkeit der Tomaten verdunstet ist und die Nudeln goldgelb sind.

Nährwerte pro Portion	
Kilokalorien:	*160*
Kilojoule:	*680*
Eiweiß/g:	*3*
Kohlenhydrate/g:	*14*
Fett/g:	*10*
Ballaststoffe/g:	*2*

Chinesischer Nudeleintopf

4 Portionen

400 g Schweinefilet,
1 ausgelöste Hühnerbrust,
4 rohe Garnelenschwänze,
8 EL Öl, Salz, 200 g Seeteufel, 150 g chinesische Instant-Nudeln, 2 Lauchstangen, 1 Knoblauchzehe,
1–2 rote Chilischoten,
100 g frische Sojasprossen,
3 EL Sojasauce, 800 ml Geflügelbrühe, 2 EL Sesamsaat,
4 TL Sesamöl.

Schweinefilet der Länge nach halbieren, Hühnerbrüstchen je nach Größe evtl. auch. Garnelenschwänze der Länge nach halbieren und den Darm entfernen. In einer weiten Pfanne mit hohem Rand 4 EL Öl stark erhitzen und zunächst Schweinefleisch und Huhn rundherum 3 Minuten braten. Garnelen zugeben, alles schwach salzen und weitere 2 Minuten braten.

Inzwischen den Fisch in mundgerechte Würfel schneiden. Die chinesischen Nudeln nach Anweisung auf der Packung kurz aufkochen.

Fleisch, Huhn und Garnelen aus der Pfanne heben und weitere 4 El Öl hineingeben. Geputzten Lauch in Ringen, abgezogene Knoblauchzehe und entkernte Chilischote, feingehackt in Öl andünsten. Sojasprossen zugeben, ein paarmal wenden und die Sojasauce darüberträufeln.

Pfanneninhalt mit der Geflügelbrühe auffüllen, einmal aufkochen lassen und abschmecken.

Schweinefilet und Huhn in mundgerechte sehr dünne Scheiben schneiden und samt Garnelen, Seeteufel und vorgegarten Nudeln in die Brühe geben. Den Eintopf bei schwacher Hitze 2 Minuten ziehen lassen und dann in eine Servierschüssel umfüllen. Mit gerösteter Sesamsaat bestreuen und etwas Sesamöl darüberträufeln.

Nährwerte pro Portion	
Kilokalorien:	*940*
Kilojoule:	*3950*
Eiweiß/g:	*75*
Kohlenhydrate/g:	*33*
Fett/g:	*49*
Ballaststoffe/g:	*5*

Hähnchenpilaw mit karamelisierter Orange und Nüssen

4 Portionen

Schale von 1 großen unbehandelten Orange, 2 mittelgroße Möhren, 75 g Butter, 100 g Mandelstifte, 250 g Zucker, 2 g Safranpulver, 50 g ungesalzene Pistazien, 200 g Langkornreis, 1 kleines Brathähnchen, ca. 800 g, 4 EL Olivenöl, 2 große Gemüsezwiebeln, geviertelt, Salz, 1 l Hühnerbrühe, 40 g Butter, zerlassen und mit 1 EL Wasser vermischt.

Orangenschale dünn abschälen, in 2 cm lange und 1/4 cm breite Streifen schneiden. In kaltes Wasser legen, zum Kochen bringen, abgießen und kalt spülen. Auf Küchenpapier abtropfen lassen.

Möhren schälen und in ca. 3 cm lange und 1/4 cm breite Stifte schneiden. Die Butter in einer großen schweren Pfanne schmelzen, Möhren darin ca. 8 Minuten dünsten, Orangenschale, Mandelstifte, Zucker und Safran zugeben und bei schwacher Hitze so lange rühren, bis sich der Zucker aufgelöst hat. Dann die Pfanne fest verschließen und die Mischung bei schwächster Hitze 20 Minuten ziehen lassen.

Von den Pistazien 1 EL voll abnehmen und den Rest in die Karamelmischung rühren. Pfanne beiseite stellen.

In einem Topf 1 l Wasser zum Kochen bringen, den Reis hineinschütten, umrühren und 5 Minuten kräftig kochen lassen, dann abgießen.

Das Hähnchen waschen, trockentupfen und in 8 Stücke teilen. Das Olivenöl in einer schweren tiefen Pfanne erhitzen und die Hähnchenteile darin anbraten. Je nach Größe der Pfanne nur 2 bis 3 Geflügelteile auf einmal hineingeben. Sie sollen rundherum kräftig anbraten und bräunen. Angebratene Hähnchenteile auf einen Teller legen.

Nach dem Anbraten das Fett aus der Pfanne gießen, die Hähnchenteile wieder einlegen, Zwiebelviertel dazugeben und alles mit Salz bestreuen. Hühnerbrühe angießen, zum Kochen bringen und das Hähnchen zugedeckt bei schwacher Hitze gut 10 Minuten schmoren lassen.

Inzwischen die mit Wasser vermischte zerlassene Butter in eine tiefe ofenfeste Form gießen. Die Hälfte der Reismenge auf den Boden der Form verteilen. Darüber die Hälfte der karamelisierten Möhrenmischung streuen. Die Hühnerteile aus der Pfanne heben und in die Form legen. Restlichen Reis und Möhrenmischung darüber verteilen und die Hühnerbrühe darübergießen. Die Form fest verschließen und auf der untersten Schiene in den vorgeheizten Backofen stellen. Bei 200° C 20 Minuten backen oder so lange, bis der Reis gar ist.

Den Pilaw beim Anrichten mit den rechtlichen Pistazien bestreuen.

Nährwerte pro Portion	
Kilokalorien:	*1220*
Kilojoule:	*5100*
Eiweiß/g:	*32*
Kohlenhydrate/g:	*109*
Fett/g:	*68*
Ballaststoffe/g:	*7*

Siebenbürger Weißkrauttopf

4 Portionen

1 TL Salz, Pfefferkörner,
500 g mageres Rindfleisch zum Kochen, 250 g Möhren,
1 kg Weißkraut,
250 g Kartoffeln,
1 TL Kümmel, Pfeffer,
1 Bund Petersilie, gehackt.

In einem großen Topf 1½ l Salzwasser mit den Pfefferkörnern zum Kochen bringen.

Das Fleisch waschen. Das Rindfleisch in das kochende Wasser geben und kurz aufkochen. Topf schließen und bei mittlerer Hitze 1 Stunde köcheln lassen.

Inzwischen das Gemüse waschen, putzen, und vom Kohl den Strunk herausschneiden. Die Kartoffeln schälen und alles in Würfel schneiden.

Das Gemüse zum Fleisch geben, mit Kümmel, Salz und Pfeffer würzen. Alles zusammen noch 30 Minuten garen.

Fleisch aus der Suppe nehmen, in mundgerechte Würfel schneiden, wieder in die Suppe geben und umrühren.

Mit frischer Petersilie bestreuen und heiß servieren.

Nährwerte pro Portion	
Kilokalorien:	*370*
Kilojoule:	*1530*
Eiweiß/g:	*31*
Kohlenhydrate/g:	*21*
Fett/g:	*15*
Ballaststoffe/g:	*8*

Hühnertopf mit Kokosmilch

4 Portionen

200 g Kokosflocken,
½ l Milch, 1 Zwiebel,
2 Knoblauchzehen, 2 frische rote Chilischoten, 4 EL Öl,
4 Hühnerkeulen, halbiert,
1 Prise Salz und Zucker,
abgeriebene Schale und Saft von 1 unbehandelten Zitrone,
200 g Reis, ½ l Geflügelbrühe, 8 Hühnerlebern,
2 EL Öl, 50 g Kokosraspeln.

Kokosflocken mit der Milch aufkochen, 30 Minuten zugedeckt ziehen lassen, in einem Tuch auspressen.

Zwiebel und Knoblauch abziehen und fein hacken. Chilischoten entkernen und ebenfalls fein hacken. Öl in einem weiten Topf erhitzen und die Hühnerkeulen rundherum anbraten. Zwiebel, Knoblauch und Chilischoten kurz mitrösten.

Gewürze, Zitronenschale und -saft einrühren. Den Reis darüberstreuen, Kokosmilch und Brühe angießen. Das Gericht im halb geschlossenen Topf 20 Minuten köcheln lassen.

Inzwischen die Hühnerleber waschen, trockentupfen und in mundgerechte Stücke teilen. Im heißen Öl kurz rundherum braten, sie sollen innen rosa bleiben.

In einer zweiten trockenen Pfanne bei starker Hitze die Kokosraspeln rösten, bis sie goldbraun sind.

Wenn der Reis gar ist, den Hühnertopf abschmecken, in eine vorgewärmte Schüssel umfüllen, mit den gebratenen Leberstücken belegen und mit den Kokosraspeln bestreuen.

Nährwerte pro Portion	
Kilokalorien:	*850*
Kilojoule:	*3560*
Eiweiß/g:	*60*
Kohlenhydrate/g:	*47*
Fett/g:	*40*
Ballaststoffe/g:	*3*

Hähnchen Marengo

Als „Marengo" bezeichnet man ein in Butter, Weißwein, Tomaten, Champignons und Knoblauch geschmortes Kalbfleisch oder Hähnchen. Die Geschichte erzählt, daß das Originalrezept ein in Öl gebackenes Hähnchen war, das Napoleon in einem italienischen Dorf namens Marengo am 14. Juni 1800 verspeiste, just als die Franzosen die Österreicher besiegten.

4 Portionen

1 frisches Hähnchen, 1 kg,
30 g Butter, 3 EL Öl,
⅛ l Weißwein, ½ Bund Petersilie, 30 g Schalotten,
1 Knoblauchzehe, gepreßt,
2 EL Mehl, ⅛ l Brühe,
200 g Tomaten,
200 g Champignons.

Das Hähnchen waschen und vierteln. Butter und Öl erhitzen und die Hähnchenteile darin goldgelb anbraten. Mit Weißwein aufgießen, zugedeckt 20 Minuten schmoren lassen.

Dann gehackte Petersilie, Schalotten und Knoblauch zufügen. Mit Mehl bestäuben. Von beiden Seiten wenden und mit der Brühe aufgießen.

Tomaten und Champignons waschen, putzen, vierteln und zugeben. Weitere 30 Minuten sanft schmoren lassen.

Nährwerte pro Portion	
Kilokalorien:	*430*
Kilojoule:	*1800*
Eiweiß/g:	*44*
Kohlenhydrate/g:	*6*
Fett/g:	*27*
Ballaststoffe/g:	*2*

Jollof Liberia

4 Portionen

1 Hähnchen, 1 kg, Salz,
Pfeffer, 8 Tomaten,
⅛ l Olivenöl, 300 g tiefgefrorene Bohnen und 1 Stengel
Bohnenkraut, 2 Zwiebeln,
125 g geräucherter Speck,
1 EL Olivenöl, 125 g Reis,
⅜ l Fleischbrühe, 100 g Tomatenmark, 160 g Krabben,
½ Bund Petersilie, gehackt,
1 Zitrone, geviertelt.

Hähnchen in 4 Portionsstücke teilen. Waschen und gut mit Küchenkrepp innen und außen ausreiben und trocknen. Salzen und pfeffern.

Die Tomaten überbrühen, häuten und würfeln.

Die Hähnchenteile in einem weiten Topf in heißem Olivenöl von allen Seiten anbraten. Herausnehmen, abtropfen lassen und auf einen Teller legen.

Bohnen mit Bohnenkraut in 1 l Salzwasser 10 Minuten garen. Abseihen und abtropfen lassen.

Zwiebeln abziehen und würfeln. Speck ebenfalls würfeln und zusammen mit den Zwiebeln im Hähnchentopf in heißem Olivenöl goldgelb anlaufen lassen. Den Reis hinzufügen und einige Minuten mitbraten.

Mit ⅜ l Fleischbrühe löschen, die Tomaten, Bohnen und das Tomatenmark hinzugeben und die Hähnchenteile einlegen.

Zuletzt die Krabben unterheben und noch 5 Minuten ziehen lassen. Mit gehackter Petersilie und Zitronenstückchen dekorieren.

Nährwerte pro Portion	
Kilokalorien:	*980*
Kilojoule:	*4100*
Eiweiß/g:	*58*
Kohlenhydrate/g:	*36*
Fett/g:	*68*
Ballaststoffe/g:	*5*

Coq au Vin

4 Portionen

1 schwere Poularde, ca.
1,5 kg, 150 g magerer geräucherter Schweinebauch,
250 g Schalotten,
250 g Champignons,
1–2 Knoblauchzehen,
40 g Butterschmalz, Salz,
frischgemahlener weißer
Pfeffer, 1 Bund Suppengemüse: Möhre, Stangensellerie, Lauch, 4 cl Branntwein,
Kräutersträußchen: Petersilie, Liebstöckel, Estragon,
½ l Weißwein.

Zum Binden:
Mehlbutter aus 20 g Butter und so viel Mehl, wie die Butter aufnimmt.

Die Poularde waschen, trocknen und in acht Stücke teilen: An den Flügeln etwas Brust lassen, die restliche Brust als ein Stück, die Keulen halbieren.

Schweinebauch kleinwürfeln, Schalotten abziehen und ganz lassen. Champignons putzen und ebenfalls ganz lassen. Knoblauch abziehen und fein hacken.

Butterschmalz in einem weiten Topf erhitzen, Schweinebauch darin anrösten, Geflügelteile zugeben und rundherum anbraten. Alles Gemüse zugeben, mit Salz und frischgemahlenem weißen Pfeffer bestreuen. Bei schwacher Hitze den Branntwein angießen und abflambieren. Das Kräutersträußchen einlegen und den Weißwein angießen. Topf verschließen und den Coq au Vin bei mittlerer Hitze gut 1 Stunde schmoren, den Topf ab und zu einmal rütteln.

Gegarte Hähnchenteile mit dem Gemüse herausheben und warmhalten, Bund Suppengemüse und Kräutersträußchen entfernen.

Die Sauce mit soviel Mehlbutter binden, daß sie die gewünschte sämige Konsistenz hat. Dazu die Mehlbutter in kleinen Flöckchen mit dem Schneebesen unterschlagen.

Coq au Vin auf einer vorgewärmten Platte oder portionsweise anrichten und mit der Sauce überziehen.

Dazu schmecken Weißbrotscheiben in reichlich Butter geröstet.

Nährwerte pro Portion	
Kilokalorien:	*860*
Kilojoule:	*3610*
Eiweiß/g:	*43*
Kohlenhydrate/g:	*13*
Fett/g:	*65*
Ballaststoffe/g:	*3*

STAINLESS

Lamm-Karottentopf

6 Portionen

750 g Lammfleisch ohne Knochen, 3 Knoblauchzehen, Salz, Pfeffer, 1 kg Möhren, 500 g Kartoffeln, 500 g Zwiebeln, 2 Lorbeerblätter, 1 gehäufter TL provenzalische Kräutermischung, ⅛ l Weißwein, ⅛ l Fleischbrühe, 200 g saure Sahne oder Crème fraîche, Salz, 1 Handvoll frische Kräuter: Minze oder Dill, Schnittlauch oder Petersilie und Basilikum.

Den Tontopf wässern. Das Fleisch in Würfel schneiden, den Knoblauch abziehen. Zerdrückten Knoblauch, Salz und frischgemahlenen Pfeffer mit den Fleischwürfeln vermischen.

Möhren waschen und putzen. Kartoffeln schälen, Zwiebeln abziehen. Alle drei Gemüse in gleichgroße Stücke schneiden.

Fleisch und Gemüse in den Tontopf legen. Lorbeerblätter und Kräuter zugeben, mit Wein und Fleischbrühe übergießen.

Die geschlossene Form in den kalten Backofen stellen, auf 200° C aufheizen und den Lamm-Karottentopf 2 Stunden garen.

Saure Sahne mit Salz und gehackten Kräutern verrühren und zum fertigen Eintopf reichen.

Nährwerte pro Portion	
Kilokalorien:	*520*
Kilojoule:	*2180*
Eiweiß/g:	*28*
Kohlenhydrate/g:	*27*
Fett/g:	*30*
Ballaststoffe/g:	*9*

Maurischer Lammtopf

4 Portionen

500 g Kartoffeln,
1 kg Tomaten, 400 g Auberginen, 300 g rote und grüne Paprikaschoten, 200 g Zwiebeln, 4 Knoblauchzehen,
150 g Reis, Salz, 1 kg Lammschulter, 50 g Semmelbrösel,
1 Zweig Thymian, abgerebelt,
Pfeffer, Butter für die Form,
⅛ l herber Weißwein,
50 g Butter.

Kartoffeln waschen und schälen. Tomaten waschen, kreuzweise einritzen, mit kochendem Wasser überbrühen, abziehen und entkernen. Auberginen waschen und putzen. Paprikaschoten waschen, von den Stielen befreien, halbieren und entkernen. Alles Gemüse und die Kartoffeln in Würfel schneiden. Zwiebeln und Knoblauch abziehen und fein hacken.

Reis in Salzwasser halbgar kochen. Fleisch würfeln. Die Semmelbrösel, Salz und die Gewürze mit dem Knoblauch gut mischen.

Eine feuerfeste Form ausbuttern. Lagenweise Tomaten-, Zwiebel-, Fleisch-, Auberginen-, Paprika- und Kartoffelwürfel und Reis einschichten. Mit Tomaten beenden. Jede Lage mit dem Semmelbröselgemisch bestreuen. Seitlich Weißwein zugießen. Butterflöckchen auf dem Auflauf verteilen und im vorgeheizten Backofen bei 220° C 90 Minuten schmoren.

Nährwerte pro Portion	
Kilokalorien:	*890*
Kilojoule:	*3720*
Eiweiß/g:	*45*
Kohlenhydrate/g:	*78*
Fett/g:	*37*
Ballaststoffe/g:	*13*

Indischer Lammpilaw

4 Portionen

600 ml Lammfond oder Hühnerbrühe, 1 Zimtstange, 2 g Safranpulver, 1 Gemüsezwiebel, 2–3 Knoblauchzehen, 1 EL gehackte, frische Ingwerwurzel, ½ TL gestoßener Kreuzkümmel, 1 Messerspitze Chilipulver, 1 Messerspitze gestoßener Kardamom, frisch geriebene Muskatnuß, frisch gemahlener Pfeffer, 500 g Lammkeule ohne Knochen, 4 EL Öl, 200 g Langkornreis, 1 Lorbeerblatt, 1 TL Salz, 150 g gedörrte Aprikosen, 50 g geröstete Kürbiskerne.

Die Brühe mit der halbierten Zimtstange und dem Safran einmal aufkochen, vom Herd nehmen und ziehen lassen.

Zwiebel und Knoblauchzehen abziehen und fein hacken, mit gehacktem Ingwer vermischen. Alle Gewürze einschließlich Pfeffer mischen.

Das Lammfleisch parieren und in gleichmäßige kleine Würfel schneiden. In einer feuerfesten Form mit Deckel 2 EL Öl erhitzen und die Fleischwürfel darin rundherum 3 bis 4 Minuten braten. Das Fleisch mit einer Schaumkelle herausheben.

Restliches Öl in der Form erhitzen, Zwiebel, Knoblauch, Ingwer und die Gewürzmischung bei mittlerer Hitze andünsten.

Den Reis einrühren und glasig dünsten. Lorbeerblatt, Brühe und Salz einrühren. Die Zimtstange entfernen.

Gedörrte Aprikosen grob hacken. Mit den Fleischwürfeln und den Kürbiskernen in den Reis rühren. Die Brühe einmal aufkochen lassen, den Topf fest verschließen und in den vorgeheizten Backofen stellen. Lammpilaw bei 160° C ca. 18 Minuten garen. Danach sollte alle Flüssigkeit aufgesogen und der Reis locker und körnig sein.

Nährwerte pro Portion	
Kilokalorien:	*930*
Kilojoule:	*3880*
Eiweiß/g:	*50*
Kohlenhydrate/g:	*65*
Fett/g:	*44*
Ballaststoffe/g:	*8*

Navarin

4 Portionen

1 kg Lammkeule oder -schulter, 400 g grüne Bohnen, auch tiefgefroren, 3 mittelgroße Möhren, 2 zarte Kohlrabi, 3 mittelgroße Kartoffeln, 2 große Zwiebeln, 3 Knoblauchzehen, 3 EL Öl, 1 EL Tomatenmark, 1 EL Thymian, Salz, Pfeffer, ¼ l trockener Weißwein, 2 EL Stärkemehl.

Das Fleisch von Haut und Sehnen befreien, waschen, in 3 cm große Würfel schneiden, auf einer Schaumkelle überbrühen, mit kaltem Wasser abspülen und gründlich abtropfen lassen.

Das Gemüse putzen und waschen. Die grünen Bohnen in 4 cm lange Stücke, Möhren, Kohlrabi und Kartoffeln in etwa 1 cm kleine Würfel schneiden.

Zwiebeln und Knoblauchzehen abziehen und klein hacken. In einer tiefen feuerfesten Form oder in einem Tontopf das Öl erhitzen, das Fleisch hineingeben und bei mäßiger Hitze zugedeckt 5 Minuten schmoren.

Das Tomatenmark dazurühren, das Gemüse hineingeben, mit Thymian, Salz und Pfeffer würzen und den Wein darübergießen.

Backofen vorheizen und bei 180° C etwa 1 bis 1½ Stunden schmoren.

Aus dem Backofen nehmen, mit Stärkemehl bestäuben, verrühren und nochmals 10 Minuten in den Ofen schieben. Sofort in der Form servieren.

Frisches, knuspriges Brot dazu reichen.

Nährwerte pro Portion	
Kilokalorien:	*810*
Kilojoule:	*3400*
Eiweiß/g:	*52*
Kohlenhydrate/g:	*31*
Fett/g:	*55*
Ballaststoffe/g:	*9*

Boeuf bourguignon

4 Portionen

1 kg Rindfleisch zum Braten, 125 g geräucherter Speck, 1 TL Meersalz, Pfeffer, 400 g Möhren, 1 Bund Frühlingszwiebeln, 60 g Butter, 2 EL Mehl, 1 Schuß Cognac, 1 Flasche roter Burgunder, 2 Knoblauchzehen, 1 Bund Suppengrün.

Fleisch und Speck in grobe Würfel schneiden, schwach salzen, denn der Speck ist geräuchert und sehr würzig. Pfeffern.

Gemüse putzen und ebenfalls in grobe Stücke schneiden.

In einem Topf die Butter erhitzen, den Speck und das Rindfleisch darin bräunen. Gemüse dazugeben und leicht schmoren lassen. Mit Mehl bestäuben, mit Cognac löschen und mit Rotwein aufgießen.

Knoblauch abziehen, fein hacken und mit dem Suppengrün zugeben.

Einen Deckel aufsetzen und bei mittlerer Hitze 1½ bis 2 Stunden köcheln lassen, ganz nach der Qualität des Fleisches.

Nährwerte pro Portion	
Kilokalorien:	*710*
Kilojoule:	*3000*
Eiweiß/g:	*54*
Kohlenhydrate/g:	*6*
Fett/g:	*47*
Ballaststoffe/g:	*1*

Blanquette de veau à l'ancienne

Dieses Gericht ist ein altes Rezept der rustikalen französischen Küche. Man versteht darunter die Zubereitung von Kalbfleisch, Lamm oder Geflügel in einem hellen Fond oder einfach in Wasser mit einer Kräutergarnitur.

4 Portionen

300 g Kalbfleisch von der Rose, 300 g Kalbfleisch von der Schulter, 300 g Halsgrat oder Hohe Rippe vom Kalb, 1 TL Meersalz, schwarzer Pfeffer aus der Mühle, 60 g Butter, 3 Möhren, 4 kleine Zwiebeln, 1 Knoblauchzehe, 1 Stengel Staudensellerie, 1 Zweig Thymian, einige Petersilienstengel, ¼ Lorbeerblatt, 2 Gewürznelken, 1 EL Mehl, ¼ l Weißwein, 300 g Champignons, 2 Petersilienstengel zum Dekorieren, 200 g Crème fraîche, 2 Eigelb.

Fleisch in große Würfel schneiden, salzen und pfeffern. Butter in einem Schmortopf erhitzen und das Fleisch darin scharf anbraten.

Möhren putzen und in große Stücke schneiden. Zwiebel und Knoblauch abziehen und hacken. Sellerie kleinschneiden. Thymianzweig und Petersilienstengel waschen, abrebeln, leicht hacken und mit den Gewürzen zugeben.

Bei starker Hitze ohne Deckel braten. Mit Mehl bestäuben, mit Wein und ¼ l Wasser aufgießen. Zum Kochen bringen, bis es leicht zu schäumen beginnt, dann den Deckel aufsetzen und bei schwacher Hitze 1 Stunde köcheln lassen.

Wenn Fleisch und Gemüse gar sind, mit einer Schaumkelle herausheben, in einen anderen Topf legen und warm halten. Die Sauce über Fleisch und Gemüse durch ein Sieb passieren.

Champignons putzen, ganz lassen und zugeben. Nochmals 5 Minuten kochen lassen. Pfeffern. Hitze reduzieren. Petersilie waschen, von den Stielen befreien und hacken. Crème fraîche und Eigelb mit einer Gabel verschlagen. Den Topf vom Herd nehmen und das Gericht mit der Eiersahne binden.

Blanquette eventuell in eine Servierschüssel umfüllen und mit gehackter Petersilie bestreuen.

Dazu knuspriges Stangenbrot reichen.

Nährwerte pro Portion	
Kilokalorien:	*740*
Kilojoule:	*3100*
Eiweiß/g:	*52*
Kohlenhydrate/g:	*9*
Fett/g:	*50*
Ballaststoffe/g:	*4*

Kanarischer Puchero

Die kanarische Küche variiert von einer zur anderen Insel sehr. Man kann das folgende Gericht nach Belieben zubereiten, indem man einige der Zutaten durch andere ersetzt oder noch mehr Gemüse zugibt.

Kichererbsen am Vortag einweichen.

4 Portionen

250 g Kichererbsen, 500 g Rindfleisch zum Kochen, 1 TL Kümmel, 3 Knoblauchzehen, 1 TL Safran, 3 Zwiebeln, 1 Tomate, 1 rote Paprikaschote, 1 grüne Chilischote, 2 EL Olivenöl, 250 g rohes Kasseler, 500 g Kürbis, 150 g grüne Bohnen, 250 g Kartoffeln, 250 g Weißkohl, 250 g Möhren, 200 g Paprikawurst, ½ Bund Petersilie.

Das Suppenfleisch in 3 l Wasser aufsetzen und zum Kochen bringen, abschäumen. Kümmel und den abgezogenen Knoblauch zerstoßen und mit dem Safran zugeben.

Zwiebel abziehen und hacken. Tomate, Paprikaschote und Chilischote kleinschneiden und zusammen in einer kleinen Pfanne mit Olivenöl einige Minuten dünsten. Anschließend in den Topf geben. Nach 1 Stunde das Kasseler in die Suppe legen.

Kürbis schälen und würfeln, Bohnen und Kartoffeln in Stücke, Weißkohl und Möhren in Scheiben schneiden. Wenn das Fleisch fast gar ist, alles zusammen mit den Kichererbsen in die Suppe geben. 15 Minuten köcheln lassen.

Paprikawurst in die Suppe legen und einige Minuten ziehen lassen.

Petersilie fein hacken und über das Gericht streuen.

Nährwerte pro Portion	
Kilokalorien:	*1000*
Kilojoule:	*4200*
Eiweiß/g:	*61*
Kohlenhydrate/g:	*58*
Fett/g:	*57*
Ballaststoffe/g:	*16*

Canaria

4 Portionen

500 g Rindfleisch zum Kochen, z. B. vom Bug, 4 Markknochen, 8 rohe Kartoffelscheiben, 1 Hähnchen, 800 g, 1 Tomate, 1 Zwiebel und 4 Knoblauchzehen, abgezogen, 1 Möhre, geputzt, 2 TL Salz, einige Pfefferkörner, 2 Eier, 250 g Weißbrot, 2 EL Pflanzenöl, 4 Blätter Gartenminze.

Rindfleisch, Markknochen und Hähnchen gut waschen. Markknochen mit je 2 Kartoffelscheiben und Küchengarn verschließen. Das Hähnchen vierteln und mit Küchenkrepp ausreiben.

Rindfleisch, Tomate, Zwiebel, Knoblauchzehen, Möhre und Markknochen mit 3 l Salzwasser und Pfefferkörnern zum Kochen bringen. (Was die Wassermenge von 3 l betrifft, so wurde berücksichtigt, daß während des Kochens ein großer Teil davon verdunstet.)

Unterdessen die Eier hartkochen und schälen. Das Brot in kleine Würfel schneiden und in einer Pfanne in Öl rösten.

Gegarte Möhre herausnehmen und in dicke Scheiben schneiden, zudecken und beiseite stellen. Markknochen aus der Brühe nehmen, das Mark herauslöffeln und mit den gerösteten Brotwürfeln in die Teller verteilen.

Hähnchen zugeben und nach ca. 50 Minuten bei beiden Fleischsorten die Garprobe machen. Weiches Rindfleisch in mundgerechte Stücke schneiden und mit den Möhrenscheiben wieder in die heiße Suppe geben.

Gartenminze waschen, kleinschneiden und unter das Gericht mischen. Zuletzt die hartgekochten Eier würfeln und zugeben.

Variante:
Rindfleisch aus der Suppe nehmen, in Scheiben schneiden und pikanten Mojo und Brot dazu reichen.

Mojo, nach Art der Insel Teneriffa

1 ganze Knoblauchzwiebel, ½ TL grobes Salz, 1 Chilischote, 10 Zwergtomaten, ⅛ l Olivenöl, ½ TL Kümmel, 8 EL Essig, 5 EL Wasser.

Knoblauch abziehen, kleinschneiden und mit Salz zerquetschen. Die Chilischote entkernen, feinschneiden und mit den Tomaten in Öl anbraten. Kümmel zerstoßen und dazugeben. Mit Essig und Wasser pürieren.

Nährwerte pro Portion	
Kilokalorien:	*760*
Kilojoule:	*3200*
Eiweiß/g:	*82*
Kohlenhydrate/g:	*37*
Fett/g:	*29*
Ballaststoffe/g:	*2*

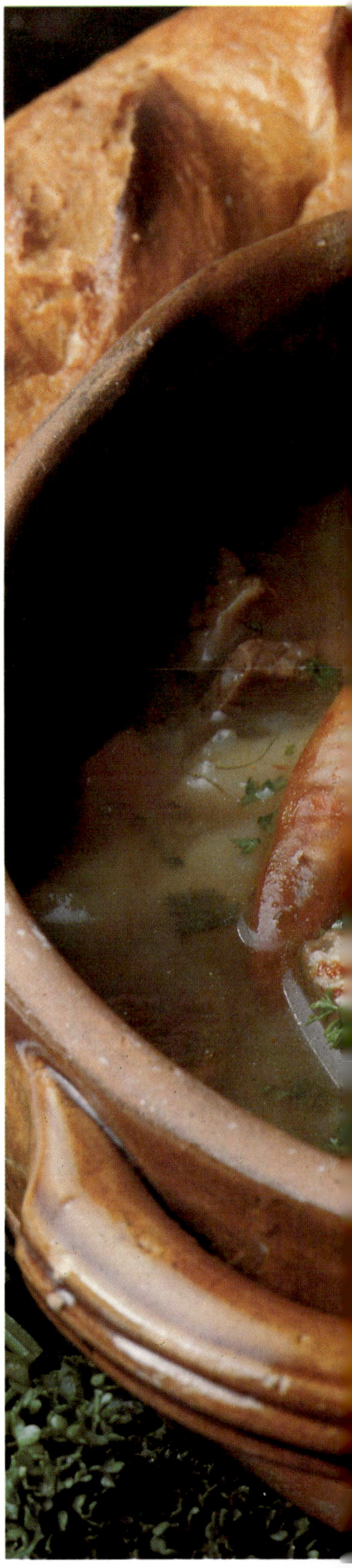

Spanischer Eintopf

4 Portionen

600 g Rindfleisch, Salz, 4 Pfefferkörner, 1 Lorbeerblatt, 1 Chilischote, 1 Bund Suppengrün, 500 g Kartoffeln, 500 g Zwiebeln, 1 TL Basilikum, Pfeffer, ½ Bund Petersilie, gehackt, ½ TL Paprikagewürz.

In einem Topf 1½ l Wasser zum Kochen bringen. Rindfleisch waschen und ins kochende Wasser geben. Salz, Pfefferkörner, Lorbeerblatt und Chilischote zugeben und alles 1½ Stunden kochen lassen.

Das Suppengrün putzen, Kartoffeln waschen und schälen, Zwiebeln abziehen und alles in Ringe oder Würfel schneiden.

Das Gemüse dem Rindfleischtopf zufügen, mit Basilikum und Pfeffer würzen und weitere 30 Minuten garen.

Das Fleisch herausnehmen, in Würfel schneiden und wieder in den Topf geben. Mit gehackter Petersilie und Paprikagewürz bestreut servieren.

Nährwerte pro Portion	
Kilokalorien:	*450*
Kilojoule:	*1880*
Eiweiß/g:	*36*
Kohlenhydrate/g:	*29*
Fett/g:	*17*
Ballaststoffe/g:	*7*

Paella

Die einzig wahre Paella gibt es nicht. Selbst die bekannteste, die Paella valenciana, kennt Varianten. Fester Bestandteil ist Reis, mit Safran gewürzt. Anteil und Art der Meeresfrüchte wechseln stark je nach Marktangebot oder Koch. In einer Paella können Sie Kaninchen finden, Speck oder Würste, Weinbergschnecken, Huhn oder andere Vögel, Schweine- oder Kalbfleisch – wenn die Kombination schmeckt, ist die Paella niemals falsch.

6 Portionen

1 kleiner Oktopus oder anderer Tintenfisch, ca. 400 g, Salz, Essig, 1 kleines Brathähnchen, 150 g geräucherter Schweinebauch, ¼ l Olivenöl, 4 geräucherte Würste, 150 g grüne Bohnen, 1 große rote Paprikaschote, 4 gekochte Artischockenherzen, 3 Tomaten, gehäutet und gewürfelt, 2 Knoblauchzehen, 2 kleine Chilischoten, frischgemahlener schwarzer Pfeffer, 12 Miesmuscheln, 400 g kleine Muscheln, wie Venus- oder Herzmuscheln, 6 große rohe Garnelen, 350 g Reis, 250 g Heilbutt oder anderer festfleischiger weißer Fisch, 150 g TK-Erbsen, 800 ml Fleisch- oder Geflügelbrühe, 2 g Safran.

Den Oktopus rundherum weichklopfen. Das Häutchen von der Oberseite des Körpersacks bis in die Arme hinein abziehen. Den Körpersack ausnehmen, Augen und die schnabelartige Maulöffnung in der Mitte entfernen. Das geht ganz leicht, indem man zwischen den Fangarmen mit beiden Daumen nach oben dagegendrückt. Reichlich Salzwasser mit einem Schuß Essig aufkochen und den Oktopus darin etwa 5 Minuten blanchieren. Dann abtropfen lassen und in mundgerechte Stücke zerteilen.

Sollte die Vorbereitung des Oktopus zu ungewohnt sein, können kleine Tintenfische roh an die Paella gegeben werden. Sie werden bei uns im Fischhandel meist unter dem italienischen Namen „Seppioline“ angeboten und sind schon gehäutet.

Das Hähnchen in 8 Teile zerlegen und den Schweinebauch würfeln. Die Hälfte des Olivenöls in der Paellapfanne erhitzen, Schweinebauch und Hähnchen darin rundherum anbraten und die mehrfach eingestochenen Würste zugeben.

Grüne Bohnen waschen und putzen, evtl. halbieren. Paprikaschote waschen, ausputzen und würfeln. Gekochte Artischockenherzen halbieren.

Die goldgelb gebratenen Hähnchenteile an den Pfannenrand schieben, in die Mitte etwas Öl nachgeben und den Oktopus andünsten. Nach und nach das Gemüse inklusive den Tomatenwürfeln zugeben und im Öl wenden.

Knoblauchzehen abziehen und fein hacken, samt den entkernten und sehr feingehackten Chilischoten über den Pfanneninhalt verteilen.

Alles mit frischgemahlenem schwarzen Pfeffer bestreuen.

In einer Bratpfanne 2 EL Öl erhitzen, die vorbereiteten Muscheln hineingeben und die Pfanne sofort fest verschließen. Die Muscheln unter häufigem Rütteln ca. 2 Minuten dämpfen, bis sie alle geöffnet sind. Von den Miesmuscheln die Hälften mit dem Fleisch ausbrechen.

In der Paellapfanne das restliche Öl erhitzen, die Garnelen rundherum anbraten und den Reis gleichmäßig über den gesamten Pfanneninhalt streuen.

Den Fisch in 4–6 Stücke teilen und in die Mischung stecken. Garnelen und Würste auf dem Reis dekorativ anrichten und die Muscheln darüber verteilen. Die Paella mit den TK-Erbsen bestreuen.

Den Safran in die Brühe rühren und die Flüssigkeit aus der Muschelpfanne durch ein feines Sieb zugeben. Die Brühe über die Paella gießen und bei starker Hitze zum Kochen bringen. Das Gericht mit Salz, Pfeffer und Safran abschmecken und danach nicht mehr umrühren. Den Reis bei schwacher Hitze 20 Minuten ausquellen lassen. Am besten stellt man die Pfanne dazu in den auf 180° C vorgeheizten Backofen.

Die fertige Paella vor dem Servieren einige Minuten ruhen lassen.

Nährwerte pro Portion	
Kilokalorien:	*1500*
Kilojoule:	*6280*
Eiweiß/g:	*72*
Kohlenhydrate/g:	*57*
Fett/g:	*100*
Ballaststoffe/g:	*5*

Peruanischer Fleischtopf

Besonders viel Fleisch gibt es in den Andenstaaten nicht. Deshalb haben hier echte Eintöpfe Tradition: etwas Fleisch, etwas Gemüse und viel Kohlehydrate – hauptsächlich Kartoffeln, Bananen, Mais und Bohnen. Keine Angst, wenn man die übliche Bindung mit Maniok-Mehl wegläßt, ist dieser Eintopf nicht schwer.

4 Portionen

250 g Rinderbrust, 1 kleine Kalbszunge, möglichst geräuchert, 200 g rohes Kalbfleisch, 4 Hühnerbeine, Salz, Pfeffer, 2 Knoblauchzehen, 1 Zwiebel, 2 Kartoffeln, 2 kleine Chilischoten, 1 Kochbanane oder eine unreife Banane, 150 g Okraschoten, 1 kleine Dose Maiskörner, 250 g.

Fleisch und Geflügel mit Salz und Pfeffer einreiben. Knoblauchzehen abziehen, pressen und ebenfalls in das Fleisch und die Hühnerbeine reiben. Alles in einem flachen weiten Topf mit 1½ l Wasser zum Kochen bringen und 30 Minuten köcheln lassen.

Inzwischen die Zwiebel abziehen und grob hacken. Kartoffeln schälen und würfeln. Chilischoten der Länge nach aufschlitzen, entkernen und in Ringe schneiden. Banane schälen und in große Stücke schneiden. Okraschoten waschen und die Stielansätze abschneiden.

Fleisch und Geflügel in relativ große Würfel schneiden und wieder in die Brühe legen. Alle anderen Zutaten inklusive den Maiskörnern in den Topf geben, einmal durchmischen und das Gericht bei schwacher Hitze im geschlossenen Topf 30 Minuten garen.

Danach mit Salz und frisch gemahlenem Pfeffer abschmecken. Peruaner würden feingehacktes Koriandergrün darüberstreuen.

Nährwerte pro Portion	
Kilokalorien:	*700*
Kilojoule:	*2930*
Eiweiß/g:	*68*
Kohlenhydrate/g:	*26*
Fett/g:	*30*
Ballaststoffe/g:	*5*

Chili con carne

Chili con carne schmeckt immer besser, wenn Sie größere Mengen davon kochen. Ein einfaches und preiswertes Essen also, zum Beispiel für eine Party. Der Eintopf läßt sich vorbereiten, das Aufwärmen bekommt ihm gut. Reste werden eingefroren.

4 Portionen

200 g weiße oder rote Bohnen, 250 g Rinderschulter oder Rinderhüfte, 2 Zwiebeln, 3 Knoblauchzehen, 2 EL Olivenöl, 1 Dose geschälte Tomaten, 480 g, 2 Möhren, ¼ Sellerieknolle, je 1 grüne und gelbe Paprikaschote, 250 g Rinderhack, ¼ l Rotwein, 350 ml Fleischbrühe, 1 gestrichener TL getrockneter Thymian, 1 TL Chilipulver, 3 EL Tomatenmark, Salz, frisch gemahlener schwarzer Pfeffer.

Getrocknete Bohnen über Nacht oder mehrere Stunden vorweichen oder fertiges Bohnengemüse aus der Dose verwenden.

Rindfleisch in Würfel schneiden. Zwiebeln und Knoblauchzehen abziehen und hacken. Öl in einem Schmortopf erhitzen, Zwiebeln und Knoblauch darin andünsten und die Fleischwürfel rundherum anbraten. Geschälte Tomaten, grob gehackt, samt Saft zugeben. Das Fleisch bei mittlerer Hitze im zugedeckten Topf 15 Minuten schmoren lassen.

Inzwischen das Gemüse waschen, schälen bzw. putzen und klein würfeln.

Nach 15 Minuten Schmorzeit das Rinderhack in den Topf rühren, rundherum andünsten, dann erst das Gemüse zugeben. Die vorgeweichten Bohnen untermischen und mit Rotwein und Fleischbrühe aufgießen. Alle Gewürze einschließlich Tomatenmark einrühren. Den Topfdeckel nur leicht schließen und das Gericht etwa 1 Stunde bei schwacher Hitze garen.

Falls der Chili zu flüssig ist, den Eintopf die letzten 15 Minuten ohne Deckel garen. Vor dem Servieren mit Salz und Pfeffer würzen und evtl. noch einmal kräftig mit Chilipulver abschmecken.

Achtung: Wenn Sie fertiges Bohnengemüse verwenden, 200 ml Flüssigkeit weniger angießen. Die Garzeit verkürzt sich um 15 Minuten. Die Bohnen erst zuletzt einrühren und mit dem Eintopf erhitzen.

Nährwerte pro Portion	
Kilokalorien:	*540*
Kilojoule:	*2260*
Eiweiß/g:	*41*
Kohlenhydrate/g:	*31*
Fett/g:	*24*
Ballaststoffe/g:	*16*

Wildreistopf

4 Portionen

2 Zwiebeln, 1 EL Butter, 160 g Reismischung aus Wildreis und Langkorn, 450 ml Gemüsebrühe, 2 EL Butter, 250 g geputzte und geschnittene Champignons, 1 grüne Paprikaschote, gehackt, 1 kleine Dose geschälte Tomaten, 400 g, 3 Bund glatte Petersilie gehackt, ½ TL Paprikapulver, ½ TL Thymian, 1 TL Salz, Pfeffer, Butter für die Form, 100 g mittelalter Gouda.

Zwiebeln hacken, die Hälfte davon in Butter dünsten, Reis einrühren und ebenfalls kurz dünsten, mit der heißen Brühe aufgießen. 20 Minuten kochen, danach 10 Minuten im geschlossenen Topf ohne Hitzezufuhr ausquellen lassen.

Inzwischen Butter in einer Pfanne schmelzen. Pilze, Paprikaschote und restliche gehackte Zwiebeln hinzugeben und 5 Minuten dünsten. Tomaten samt Saft hinzufügen und weitere 5 Minuten köcheln lassen. Petersilie, Paprikapulver, Thymian und 1 TL Salz zugeben. Mit frisch gemahlenem Pfeffer abschmecken.

In eine gefettete Auflaufform abwechselnd eine dicke Lage gekochten Reis, Gemüsemischung und eine Lage geriebenen Käse schichten. Im vorgeheizten Backofen bei 200° C 30 Minuten backen.

Nährwerte pro Portion	
Kilokalorien:	*380*
Kilojoule:	*1580*
Eiweiß/g:	*13*
Kohlenhydrate/g:	*37*
Fett/g:	*17*
Ballaststoffe/g:	*5*

Quinoa-Eintopf

Dieses vegetarische Gericht ist ebenso bunt wie gesund. Quinoa ist ein Getreide aus den Andenstaaten und wurde schon von den Inkas angebaut. Es hat unter allen Getreidesorten den höchsten Anteil an Proteinen. Darüber hinaus ist Quinoa reich an wertvollen Balaststoffen, Vitaminen, Mineralstoffen und Fetten. Quinoa läßt sich ähnlich wie Reis zu vielen pikanten und süßen Gerichten verwenden.

Sie finden dieses Getreide im Reformhaus.

4 Portionen

200 g schwarze Bohnen, 1 Bund Suppengrün, 1 Zwiebel, ca. 1 l Gemüsebrühe, 100 g Quinoa, 2 Zwiebeln, 2 Knoblauchzehen, 2 EL Margarine, 2 große rote Paprikaschoten, 1–2 frische rote Chilischoten, Meersalz, 2 Eier, Chilipulver.

Die Bohnen einige Stunden in kaltem Wasser einweichen. Bohnen abgießen, mit Suppengrün und der ganzen geschälten Zwiebel in einen Topf geben und knapp mit Gemüsebrühe bedecken. 30 Minuten köcheln lassen.

Inzwischen die Quinoa mit der 3fachen Menge Wasser aufkochen und 15 Minuten lang bei milder Hitze ausquellen lassen.

Zwiebeln und Knoblauch abziehen, fein hacken und in der Margarine glasig dünsten. Paprikaschoten putzen, entkernen und würfeln. Chilischoten aufschlitzen, entkernen und in sehr feine Ringe schneiden. Paprika und Chili mit den Zwiebeln dünsten.

Suppengrün und Zwiebel aus den Bohnen entfernen. Bohnen und Quinoa samt ihren Brühen zum Gemüse geben. Umrühren, Topf zudecken und das Gericht bei schwacher Hitze 15 Minuten ziehen lassen. Evtl. etwas Gemüsebrühe nachgießen.

Inzwischen die beiden Eier wachsweich kochen und abschrecken.

Den fertigen Quinoatopf mit Salz und Chili abschmecken und die halbierten Eier darauf anrichten.

Nährwerte pro Portion	
Kilokalorien:	*410*
Kilojoule:	*1720*
Eiweiß/g:	*21*
Kohlenhydrate/g:	*48*
Fett/g:	*12*
Ballaststoffe/g:	*12*

Mexikanischer Bohneneintopf

4 Portionen

250 g durchwachsener geräucherter Speck, 300 g Schweinefleisch, Salz, Pfeffer, 2 Zwiebeln, ca. 100 g, 2 Knoblauchzehen, 1½ l Fleisch- oder Gemüsebrühe, 300 g rote Paprikaschoten, 1 TL Bohnenkraut, je 1 Dose rote, weiße und grüne Bohnen, Einwaage 400 g, 60 g Tomatenmark, einige Tropfen Tabasco oder 1 kleine Chilischote.

Speck in feine Streifen schneiden und in einem Topf auslassen. Schweinefleisch waschen, mit Küchenkrepp abtrocknen und würfeln. Zu den Speckstreifen geben und anbraten. Salzen und pfeffern.

Zwiebeln abziehen, halbieren und in Scheiben schneiden. Knoblauchzehen abziehen, zerquetschen und zum Fleisch geben. Mit der Brühe aufgießen und ca. 30 Minuten köcheln lassen.

Paprikaschoten waschen, entkernen und in Stücke schneiden. Mit dem Bohnenkraut, den abgetropften Bohnen, Tomatenmark und Tabasco in den Topf geben, gut umrühren und 20 Minuten weitergaren. Nochmals kräftig nachwürzen.

Nährwerte pro Portion	
Kilokalorien:	*710*
Kilojoule:	*2950*
Eiweiß/g:	*33*
Kohlenhydrate/g:	*25*
Fett/g:	*49*
Ballaststoffe/g:	*13*

Jachnia vom Reh

Bohnen am Vortag einweichen.

4 Portionen

250 g große weiße Bohnen, 3 rote Paprikaschoten, ca. 250 g, 800 g Rehfleisch, Salz, Pfeffer aus der Mühle, 2 Zwiebeln, 1 Knoblauchzehe, 80 g Speck, 30 g Butter, ⅛ l Brühe, 1 Zweig Thymian, 1 Bund Petersilie.

Die gequollenen Bohnen im Einweichwasser garkochen.

Inzwischen Paprikaschoten im Backofen rösten, häuten und anschließend sorgfältig entkernen und in Streifen schneiden. Einige schöne Paprikastreifen zum Garnieren beiseite legen.

Rehfleisch in große Würfel schneiden. Salzen und pfeffern. Zwiebeln und Knoblauch abziehen und hacken. Speck würfeln und mit der Butter in einem Topf auslassen. Das Rehfleisch von allen Seiten darin scharf anbraten, die Zwiebel und den Knoblauch zufügen, einige Minuten dünsten und dann mit Brühe aufgießen.

Thymian waschen, abrebeln und mit den Paprikaschoten zugeben. Nochmals salzen und pfeffern. 40 Minuten bei mittlerer Hitze garen lassen.

Zuletzt mischt man die abgetropften Bohnen darunter und würzt mit Petersilie. Den Eintopf mit Paprikastreifen dekorieren.

Nährwerte pro Portion	
Kilokalorien:	*560*
Kilojoule:	*2340*
Eiweiß/g:	*62*
Kohlenhydrate/g:	*28*
Fett/g:	*17*
Ballaststoffe/g:	*15*

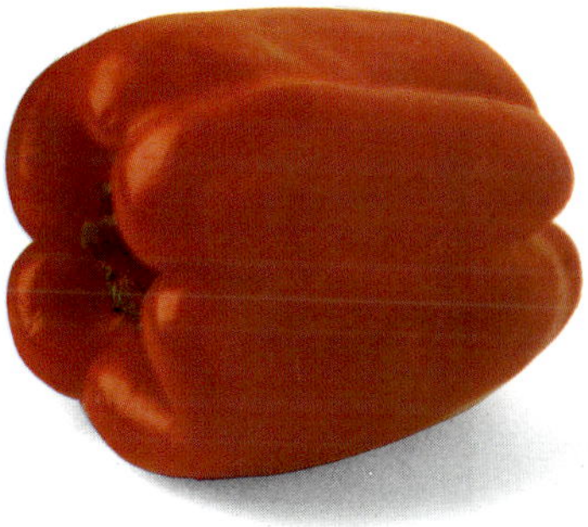

Gibelotte vom Wildkaninchen

4 Portionen

1 Kaninchen, Salz, Pfeffer,
2 Knoblauchzehen,
150 g geräucherter Schweinebauch, gewürfelt, 1 EL Butterschmalz, 4 cl Branntwein,
40 g Mehl, 2–3 EL Tomatenmark, 1 Dose geschälte Tomaten, 400 g, ¼ l Brühe,
⅛ l Weißwein, 1 Kräutersträußchen aus: 1 Zweig Thymian, 3 Stengel Petersilie,
1 Zweig Estragon,
200 g geputzte und halbierte Champignons, 1 Prise Zucker.

Das Kaninchen in Portionsstücke zerlegen: 2 Vorderläufe, 2 Hinterläufe, Rücken in 4 Stücke teilen. Das Fleisch mit Küchenkrepp gut abtupfen, salzen und pfeffern.

Knoblauchzehen abziehen und auf einem Plastikbrettchen kleinschneiden. Mit etwas Salz zerquetschen. Das Wildbret damit einreiben.

Schweinebauch mit Butterschmalz in einem Schmortopf auslassen und die Kaninchenteile von allen Seiten anbräunen. Branntwein angießen und flambieren.

Mit Mehl anstäuben, umrühren, mit Fleischbrühe und Weißwein aufgießen.
2 EL Tomatenmark und Tomaten samt dem Saft zugeben, nochmals umrühren. Das Kräutersträußchen einlegen.

Zuletzt die Champignons zugeben und das Gericht 40 Minuten im geschlossenen Topf köcheln lassen.

Wenn das Fleisch weich ist, das Kräutersträußchen entfernen und die Sauce mit Zucker und eventuell noch mehr Tomatenmark abschmecken.

Als Beilage passen gekochte Bandnudeln, Kartoffelpüree oder Weißbrot.

Nährwerte pro Portion	
Kilokalorien:	*800*
Kilojoule:	*3350*
Eiweiß/g:	*80*
Kohlenhydrate/g:	*12*
Fett/g:	*41*
Ballaststoffe/g:	*3*

Dippehas

4 Portionen

1 bratfertiger Hase, ca. 1,2 kg, 4–5 EL Mehl, 250 g Schweinebauch, 2 EL Öl, 2 große gehackte Zwiebeln, 2 abgezogene, zerdrückte Knoblauchzehen, 4 EL altes geriebenes Schwarzbrot, 3 Lorbeerblätter, 1 Messerspitze Nelkenpulver, Salz, schwarzer Pfeffer, 1 Flasche Rotwein, 0,7 l.

Den Hasen in 8–10 Stücke zerlegen und in Mehl wenden. Schweinebauch in grobe Würfel schneiden, in einem großen Schmortopf in heißem Öl von allen Seiten scharf anbraten. Fleisch herausnehmen.

Im gleichen Topf die Hasenstücke auf starker Hitze anbraten. Zwiebel und Knoblauch zugeben und auf reduzierter Hitze glasig dünsten.

Die Schweinebauchwürfel, Brot, Lorbeerblätter und Nelkenpulver zugeben, mit Salz und reichlich frisch gemahlenem Pfeffer würzen. Rotwein angießen und das Gericht bei geschlossenem Deckel auf mittlerer Hitze ca. 1½ Stunden schmoren lassen.

Nährwerte pro Portion	
Kilokalorien:	*710*
Kilojoule:	*3000*
Eiweiß/g:	*76*
Kohlenhydrate/g:	*16*
Fett/g:	*38*
Ballaststoffe/g:	*2*

Hasenragout

4 Portionen

2 große Zwiebeln, 1 Knoblauchzehe, 50 g Butter, 750 g Hasenragout, Salz, Pfeffer, 1 EL Mehl, 6 EL Brühe, ¼ l Rotwein, 100 g Sellerieknolle, 1 Möhre, 1 Bund Petersilie, 2 Sardellenfilets, 250 g weiße Bohnen aus der Dose, 250 g saure Sahne.

Zwiebeln und Knoblauch abziehen, feinhacken und in Butter glasig dünsten. Hasenragout und nach Belieben Herz, Nieren und Leber hinzufügen. Salzen und pfeffern.

Das Fleisch anbraten lassen, mit Mehl bestäuben und mit Brühe und Rotwein aufgießen. Insgesamt 1 Stunde köcheln lassen.

Den Sellerie und die Möhre waschen und in feine Streifen schneiden. Petersilie waschen und hacken. Auf einem Plastikbrettchen die Sardellenfilets schneiden.

20 Minuten vor Ende der Garzeit das Gemüse und die Bohnen zugeben und alles gut umrühren.

Mit den Sardellenfilets würzen und der sauren Sahne binden. Petersilie über das Gericht streuen.

Nährwerte pro Portion	
Kilokalorien:	*700*
Kilojoule:	*2920*
Eiweiß/g:	*54*
Kohlenhydrate/g:	*25*
Fett/g:	*37*
Ballaststoffe/g:	*12*

Wildschweinfrikadellen mit Apfelkraut

4 Portionen

50 g Reis, 2 Knoblauchzehen, 800 g Wildschweinkeule oder Schulterblatt, 150 g Räucherspeck, 1 Ei, Salz, ½ TL Paprikagewürz, 1 TL gemahlener Pfeffer.

Apfelkraut:

50 g Räucherspeck, ½ TL Paprikagewürz, 800 g Sauerkraut, 1 TL Majoran, ½ TL Ingwer, ½ TL Salbei, 1 TL Bohnenkraut, 500 g säuerliche Äpfel, 150 g saure Sahne.

Reis in Salzwasser halbgar kochen und abgießen. Knoblauch abziehen und zerquetschen.

Das Fleisch in größere Würfel schneiden und mit heißem Wasser überbrühen und 10 Minuten ziehen lassen. Abtropfen lassen und mit Küchenkrepp abtupfen.

Räucherspeck würfeln und zusammen mit dem Wildfleisch 2mal durch den Fleischwolf drehen. Die Hackfleischmasse nun mit Ei, Reis, Salz, Knoblauch und den Gewürzen mit einem Kochlöffel gut vermengen. Mit nassen Händen Frikadellen formen und beiseite stellen.

Apfelkraut:
Speck würfeln und in einem Topf auslassen.

Vom Herd nehmen, das Paprikagewürz darin verrühren und das Sauerkraut hineingeben. Das Sauerkraut mit 1/8 l Wasser aufgießen, Gewürze zufügen, durchrühren und aufkochen. Nun die Frikadellen zugeben und zugedeckt bei mittlerer Hitze gar dünsten.

Die Äpfel schälen, waschen, das Kerngehäuse entfernen und die Äpfel in Spalten schneiden.

Das fertige Kraut mit den Frikadellen in eine feuerfeste Form geben, mit Apfelstükken belegen und zugedeckt 5 Minuten köcheln lassen, bis die Äpfel weich sind.

Sofort servieren. Saure Sahne dazu reichen.

Selbstverständlich kann dieses Rezept auch mit Frikadellen aus Hackfleisch zubereitet werden.

Nährwerte pro Portion	
Kilokalorien:	*820*
Kilojoule:	*3460*
Eiweiß/g:	*53*
Kohlenhydrate/g:	*26*
Fett/g:	*50*
Ballaststoffe/g:	*7*

Taubenragout

Die gezüchteten Täubchen sind heutzutage so klein, daß man für ein Hauptgericht eine Taube pro Person rechnen muß.

2 Portionen

2 Tauben, 150 ml Öl,
1 Zwiebel, 1 Knoblauchzehe,
1 Bund Suppengrün,
4 cl Branntwein, ⅛ l Weißwein, 150 g Schalotten,
8 kleine Möhren, 200 g Egerlinge, Salz, frischgemahlener weißer Pfeffer, 2 EL Mehl,
Kräutersträußchen aus
½ Bund Petersilie, 1 Zweig Thymian, 1 Zweig Basilikum.

Die Tauben eventuell ausnehmen, nachrupfen, waschen und trockentupfen. In einer Pfanne 100 ml Öl erhitzen und die Tauben rundherum anbraten, aus der Pfanne heben.

Die Tauben vierteln und dabei von der Karkasse lösen: Das Brustfleisch entlang dem Brustbein und in der Mitte quer einschneiden. Mit einem kleinen spitzen Messer von den Knochen schaben und auf beiden Seiten von der Rückenhaut trennen. In den Flügeln und Keulen bleiben die Knochen drin und werden lediglich aus den Gelenken gebrochen. Die acht ausgelösten Taubenstücke beiseite stellen.

Die Karkassen grob zerteilen. Zwiebel und Knoblauch abziehen und hacken, das Suppengrün waschen und ebenfalls grob hacken. In die Pfanne, in der die Tauben gebraten wurden, etwas mehr Öl geben und die Karkassen bei starker Hitze rundherum anrösten, falls vorhanden, die Innereien zugeben. Zwiebel, Knoblauch und Gemüse kurz mitrösten, mit Branntwein übergießen und abflambieren. Weißwein angießen und kurz reduzieren, dann mit soviel Wasser aufgießen, daß der Pfanneninhalt knapp bedeckt ist. 30 Minuten köcheln lassen und dabei mehrfach umrühren.

Schalotten abziehen und ganz lassen, nur große Schalotten halbieren. Möhren schälen und eventuell halbieren, Egerlinge putzen und ganz lassen. In einen Schmortopf das restliche Öl geben und das Gemüse bei mittlerer Hitze rundherum anbraten. Die Taubenstücke einlegen, mit Salz und frisch gemahlenem weißen Pfeffer bestreuen.

Wenn der Fond in der Pfanne fertig ist, Tauben und Gemüse im Topf mit Mehl bestäuben und den abgeseihten Fond zugießen.

Das Kräutersträußchen einlegen, den Topf verschließen und bei schwacher Hitze 30 Minuten schmoren lassen.

Aus TK-Blätterteigscheiben Fleurons in beliebiger Form backen und zu dem Eintopf reichen. Es passen auch Bandnudeln oder Herzoginkartoffeln.

Achtung:
Dieses Taubenragout ist die Füllung für das anschließende Rezept „Englische Schüsselpastete".

Nährwerte pro Portion	
Kilokalorien:	*1520*
Kilojoule:	*6370*
Eiweiß/g:	*48*
Kohlenhydrate/g:	*19*
Fett/g:	*130*
Ballaststoffe/g:	*8*

Englische Schüsselpastete

Pie oder Schüsselpastete hat in England große Tradition. Es handelt sich um ein Fleisch- oder Fischragout, das in Pastenmürbteig oder Blätterteig gebacken wird. Typische Gefäße sind mehr oder weniger flache Schüsseln oder Backformen. Sie werden häufig mit Teig ausgekleidet, gefüllt und mit einem Teigdeckel geschlossen – dazu muß das Ragout ziemlich trocken sein (siehe folgendes Rezept „Schüsselpastete mit Schweinefleisch"). Bei einem Ragout mit etwas Sauce ist es besser, nur einen Teigdeckel zu backen.

4 Portionen

Füllung:
Taubenragout, siehe vorhergehendes Rezept, die Menge um 1 Taube und die Hälfte des restlichen Rezepts vergrößern.
300 g TK-Blätterteig im Block, Mehl, 1 Ei, getrennt, 2 EL Milch.

Das Taubenragout wie beschrieben zubereiten und in eine feuerfeste Schüssel füllen.

Blätterteig auftauen und auf der bemehlten Arbeitsfläche ausrollen. Den Teigdeckel zur Schüssel passend ausschneiden. Achtung: Der Durchmesser muß mindestens 3 cm größer sein! Aus den Teigresten einen breiten Streifen schneiden und mit leichtgeschlagenem Eiweiß um den Schüsselrand kleben.

Teigstreifen wieder mit Eiweiß einstreichen und den Teigdeckel darauf fest andrücken. Aus Teigresten kleine Verzierungen stechen und mit Eiweiß dekorativ auf den Deckel kleben. Eigelb mit Milch verrühren und den Blätterteig damit bestreichen.

Die Schüsselpastete im vorgeheizten Backofen bei 210° C auf der unteren Schiene 20–25 Minuten backen. Die genaue Backzeit richtet sich nach der gewünschten Farbe des Blätterteigs.

Nährwerte pro Portion	
Kilokalorien:	*1450*
Kilojoule:	*6062*
Eiweiß/g:	*41*
Kohlenhydrate/g:	*37*
Fett/g:	*120*
Ballaststoffe/g:	*7*

Schüsselpastete mit Schweinefleisch

Dieses Rezept ist etwas langwierig, aber nicht schwierig zuzubereiten. Zur Bewirtung von Gästen lohnt sich der Aufwand, zumal Teig und Füllung im voraus fertiggestellt werden können.

6 Portionen

Teig:
250 g Butter, 500 g Mehl, Salz.
Füllung:
500 g Schweinefleisch aus Keule oder Schulter, 150 g geräucherter Schweinebauch, 1 EL Butterschmalz, 3 Frühlingszwiebeln, Salz, Pfeffer, 500 g Schweinehack, 12 Schalotten, ¼ l helles Bier, 2 EL Tomatenmark, 250 g Kartoffeln, ½ rote Paprikaschote, 1 Knoblauchzehe, frisch geriebene Muskatnuß, ½ TL getrockneter Majoran, ½ Bund glatte Petersilie, 12 große feste Champignons.
Zum Bestreichen:
1 Eigelb, 1 EL Sahne.

Für den Mürbeteig die Butter zu Flöckchen zerkleinern. Mit dem Mehl, Salz und 4 EL eiskaltem Wasser vermischen. Zu einem glatten Teig verkneten, zu einer Kugel formen, in Folie wickeln und mindestens 30 Minuten in den Kühlschrank legen.

Das Schweinefleisch in große Würfel, den Schweinebauch in kleine Würfel schneiden. Butterschmalz

zerlassen und beide Fleischsorten anbraten. Frühlingszwiebeln waschen, abziehen und hacken. Zwiebeln in die Pfanne geben und alles mit Salz und Pfeffer bestreuen. Das Schweinehack einrühren und krümelig braten. Schalotten abziehen und dem Ganzen zugeben. Weitere 5 Minuten alles gut durchbraten, dann mit dem Bier löschen und das Tomatenmark einrühren.

Während die Fleischmischung auf schwacher Hitze köchelt, die Kartoffeln schälen und roh zum Fleisch reiben. Paprikaschote putzen, entkernen und sehr fein würfeln. Zusammen mit der abgezogenen, gepreßten Knoblauchzehe in das Fleisch rühren. Mit geriebener Muskatnuß, Majoran und gehackter Petersilie würzen. Zuletzt mit Salz und Pfeffer abschmecken. Die Champignons waschen, putzen und ganz lassen, sie werden roh in die gefüllte Pastete gesteckt.

Den Mürbeteig halbieren, jede Hälfte auf der bemehlten Arbeitsfläche etwa 4 mm dick ausrollen. Zwei runde Platten ausschneiden: eine um 2 cm größer im Durchmesser als die Öffnung der Pastetenschüssel, die zweite Teigplatte um weitere 4 cm größer.

Die größere der beiden Teigplatten wird in die Pastetenschüssel gelegt, so daß sie gleichmäßig übersteht. Die abgekühlte Fleischmischung einfüllen und die Champignonköpfe hineinstecken. Die zweite Teigplatte als Deckel darüberlegen. Beide Teigplatten entlang dem Rand der Form fest aufeinanderdrükken und den unteren Rand über den Deckel nach innen schlagen. Mit einem Löffelstiel beide Teigränder fest aufeinanderdrücken und dabei in gleichmäßigen Abständen verzieren.

Mit einem Ausstecher in die Mitte des Teigdeckels ein Loch stechen, aus Alufolie einen passenden Kamin drehen und hineinstecken. Aus Teigresten können Verzierungen angebracht werden.

Eigelb und Sahne verrühren und den Teig damit gleichmäßig einstreichen.

Die Schüsselpastete im vorgeheizten Backofen bei 200° C auf der zweiten Schiene von unten ca. 30 Minuten goldbraun backen.

Nährwerte pro Portion	
Kilokalorien:	*1350*
Kilojoule:	*5670*
Eiweiß/g:	*48*
Kohlenhydrate/g:	*73*
Fett/g:	*89*
Ballaststoffe/g:	*4*

Szegediner Gulasch

Bei uns versteht man unter dieser Bezeichnung einen Eintopf mit Fleisch und Sauerkraut. In Ungarn heißt das Gulasch „Szekler". Genaugenommen müßte das Gericht „Szekely"-Gulasch heißen. „Szekely" ist der Name eines Kochs und seiner Familie von Gastronomen, die Mitte des letzten Jahrhunderts in Ungarn berühmt waren. Das ursprüngliche Szegediner-Gulasch bereitet man mit Möhren, weißen Rüben oder Pastinaken zu. Zuletzt wird das Gericht durch winzigkleine Teigwaren, eine Art Spätzle, ergänzt.

4 Portionen

800 g magere Schweinskeule, 200 g Zwiebeln, 1 Knoblauchzehe, 3 EL Öl, 1 TL Delikateßpaprikapulver, 1 Messerspitze Kümmel, 150 g Tomaten, 1 grüne Paprikaschote, Salz, Pfeffer, 800 g mildes Sauerkraut, 1 Lorbeerblatt, 250 g saure Sahne, 1 Lorbeerblatt zum Dekorieren, 1 Stengel Petersilie, 1 rote Pfefferschote.

Fleisch waschen, trockentupfen und in Würfel schneiden. Zwiebeln und die Knoblauchzehe abziehen und hacken. In einem Schmortopf in dem Öl glasig dünsten, vom Herd nehmen und mit Paprikapulver bestäuben.

Die Fleischwürfel dazugeben und bei starker Hitze unter ständigem Rühren kräftig anbraten. Kümmel und etwas Wasser zugeben, zudecken und bei mittlerer Hitze schmoren.

Inzwischen Tomaten waschen, putzen und in Achtel schneiden. Paprikaschote waschen, entstielen, entkernen und in Ringe schneiden.

Tomaten und Paprikaschoten dem Fleisch zugeben, salzen und pfeffern und möglichst im eigenen Saft schmoren lassen, dadurch erhält das Gericht seinen typischen Geschmack.

Währenddessen das Sauerkraut in wenig Wasser mit dem Lorbeerblatt fast gar dünsten. Flüssigkeit abseihen.

Die saure Sahne dem Gulasch zugeben und aufkochen lassen. Sauerkraut zufügen, alles miteinander vermischen und weitere 10 Minuten schmoren lassen.

Das Gericht obenauf mit einem Klecks saurer Sahne, dem Lorbeerblatt, Petersilienblättchen und einer roten Pfefferschote garnieren. Heiß servieren.

Nährwerte pro Portion	
Kilokalorien:	*650*
Kilojoule:	*2730*
Eiweiß/g:	*46*
Kohlenhydrate/g:	*10*
Fett/g:	*42*
Ballaststoffe/g:	*7*

Klassisches ungarisches Gulasch

4 Portionen

1 kg Rindfleisch aus der Keule, 150 g grüne Paprikaschoten, 150 g Tomaten, 250 g Zwiebeln, 2 Knoblauchzehen, 60 g Butterschmalz oder Öl, 1 TL Delikateßpaprikapulver, ½ TL Kümmel, Salz, 1 grüne Pfefferschote, 500 g Kartoffeln, ¼ l trockener Rotwein, Pfefferschote zum Garnieren.

Das Fleisch waschen und mit Küchenkrepp trocknen. Rundherum parieren, aber die feinen Sehnen und Flechsen nicht herausschneiden. Das Fleisch in große Würfel schneiden.

Paprikaschoten und Tomaten waschen, entstielen, die Schoten entkernen und alles in Ringe schneiden.

Zwiebeln und Knoblauchzehen abziehen, kleinschneiden und in einer kleinen Pfanne in dem Fett andünsten.

Paprikapulver darüberstäuben, verrühren und die Pfanne vom Herd ziehen.

Die Hälfte des Fetts aus dem Zwiebelpfännchen in einen mittleren Schmortopf geben und erhitzen. Abwechselnd eine Lage Fleischwürfel, Zwiebel-Paprikagemisch und Gemüse in den Topf schichten und mit Kümmel und Salz würzen.

Die Pfefferschote entstielen, entkernen, in feine Ringe schneiden und zuletzt obenauf legen. Deckel aufsetzen und das Gulasch bei schwacher Hitze 1½ Stunden köcheln lassen, nur den Topf hin und wieder rütteln.

Kartoffeln waschen, schälen, in Spalten oder große Würfel schneiden und zugeben. Den Wein zugießen. Die Kartoffeln garen bis sie weich sind. Sie sollen fast den ganzen Saft aufsaugen. Pfefferschote waschen, entkernen, in Ringe schneiden und das Gericht damit garnieren.

Gulasch heiß und möglichst im Topf servieren.

Nährwerte pro Portion	
Kilokalorien:	*660*
Kilojoule:	*2770*
Eiweiß/g:	*59*
Kohlenhydrate/g:	*27*
Fett/g:	*29*
Ballaststoffe/g:	*6*

Bayerisches Bierfleisch

4 Portionen

800 g mageres Rindsgulasch, 2 Zwiebeln, 2 Knoblauchzehen, 2 große Möhren, ½ Sellerieknolle, 1 Stange Lauch, 2 EL Butterschmalz, 1 EL Mehl, 1 TL Kümmel, 1 TL getrockneter Thymian, 1 Prise getrockneter Liebstöckel, Salz und Zucker, 1 EL Weinessig, 1 Flasche dunkles Bier, ½ l, 4 mehlig kochende Kartoffeln, schwarzer Pfeffer aus der Mühle.

Falls das Gulasch nicht schon geschnitten ist, das Rindfleisch in große Würfel teilen. Zwiebeln und Knoblauchzehen abziehen und hacken. Möhren schälen und in große Stücke teilen, Sellerieknolle schälen und klein würfeln. Den Lauch putzen, waschen und in große Stücke schneiden.

Die Hälfte des Fetts im Schmortopf zerlassen und das Fleisch portionsweise rundherum scharf anbraten, wieder herausheben. Das restliche Fett in den Topf geben und Zwiebeln und Knoblauch darin andünsten, mit Mehl bestäuben.

Das Fleisch wieder in den Topf legen, dazu das geschnittene Gemüse, Gewürze und Kräuter. Mit je einer Prise Salz und Zucker würzen, Weinessig zugeben und mit dem Bier aufgießen.

Den Eintopf einmal aufkochen lassen, mit dem Deckel fest verschließen und im vorgeheizten Backofen bei 175° C auf der unteren Schiene 1½ Stunden schmoren lassen.

Inzwischen die Kartoffeln schälen und vierteln. Nach 1½ Stunden Garzeit die Kartoffeln in den Eintopf mischen. Die Sauce mit Salz und Zucker abschmecken und kräftig mit schwarzem Pfeffer würzen. Den Topf verschlossen wieder in den Backofen stellen und weitere 30 Minuten schmoren, danach sollten Fleisch und Kartoffeln gar sein.

Nährwerte pro Portion	
Kilokalorien:	*630*
Kilojoule:	*2620*
Eiweiß/g:	*45*
Kohlenhydrate/g:	*27*
Fett/g:	*32*
Ballaststoffe/g:	*8*

Paprikatopf mit roten Bohnen

Die Bohnen kurz kalt abbrausen und über Nacht in ¾ l Wasser einweichen.

4 Portionen

300 g getrocknete rote Bohnen, 1 l Fleischbrühe, Salz, 5 schwarze Pfefferkörner, 5 Korianderkörner, 1 große Zwiebel, je ½ grüne und rote Paprikaschote, 600 g Rindergulasch, 1 EL Öl, 1 gelbe Paprikaschote, 2 Stangen Lauch, schwarzer Pfeffer aus der Mühle, Rosenpaprika.

Am nächsten Tag die Bohnen im Einweichwasser zum Kochen bringen und ¾ l Brühe angießen. Nach 30 Minuten mit 1 TL Salz und den zerdrückten Pfeffer- und Korianderkörnern würzen und weiter ganz schwach köcheln lassen, bis sie gar sind.

Während der Kochzeit der Bohnen die Zwiebel abziehen und fein würfeln, grüne und rote Paprikaschote putzen und grob hacken.

Falls das Gulasch nicht schon geschnitten ist, das Rindfleisch in mundgerechte Würfel teilen. Öl in einem weiten Schmortopf erhitzen und das Fleisch darin rundherum kräftig anbraten. Zwiebel und gehackte Paprika zugeben, mit ¼ l Brühe angießen und alles zugedeckt bei schwacher Hitze 1½ Stunden schmoren lassen, bis das Fleisch mürbe ist.

Gelbe Paprikaschote putzen und in große Quadrate

schneiden. Lauch putzen, waschen und in große Stücke schneiden.

Beide Gemüse und die Bohnen unter das Fleisch heben und bei schwacher Hitze im geschlossenen Topf 10 Minuten ziehen lassen. Dann mit Pfeffer und Paprika würzig abschmecken, eventuell leicht nachsalzen. Das Gericht ohne Hitzezufuhr im geschlossenen Topf noch 5 Minuten ziehen lassen.

Nährwerte pro Portion	
Kilokalorien:	*620*
Kilojoule:	*2690*
Eiweiß/g:	*50*
Kohlenhydrate/g:	*39*
Fett/g:	*24*
Ballaststoffe/g:	*18*

Gefüllte Paprikaschoten

4 Portionen

1 kg fleischige Paprikaschoten, 500 g Bratenrest, 80 g Reis, 1 mittelgroße Zwiebel, 1 Knoblauchzehe, 50 g Emmentaler, 1 Bund Petersilie, 2 EL Öl, 1 Ei, Salz, Pfeffer, 100 g dünne Räucherspeckscheiben, Öl für die Form, 1 kleine Dose geschälte Tomaten.

Paprikaschoten waschen, entstielen, der Länge nach halbieren und entkernen.

Das Bratenfleisch durch den Fleischwolf drehen. Den Reis halbgar dünsten.

Zwiebel und Knoblauch abziehen und hacken und den Käse reiben. Petersilie waschen, von den Stielen befreien und hacken. Die Zwiebel in Öl andünsten und zusammen mit Reis, Knoblauch, Ei, Petersilie und Käse gründlich durcharbeiten. Salzen und pfeffern.

Die Paprikahälften mit der Mischung füllen und in eine geölte Form nebeneinander setzen. Je eine Scheibe Speck darüberlegen.

Backofen vorheizen und die Schoten bei 220° C 20 Minuten garen. Die Paprikaschoten mit einem flachen Schaumlöffel in eine Schüssel heben und warmstellen.

Inzwischen die Tomaten samt Saft in die Form geben, aufkochen lassen und die Sauce pikant mit Salz und Pfeffer abschmecken.

Die Sauce über die Paprikaschoten gießen und sofort servieren.

Nährwerte pro Portion	
Kilokalorien:	*630*
Kilojoule:	*2650*
Eiweiß/g:	*37*
Kohlenhydrate/g:	*24*
Fett/g:	*39*
Ballaststoffe/g:	*5*

Ungarisches Reisfleisch

4 Portionen

700 g Schweinskeule, 200 g Zwiebeln, 1 Knoblauchzehe, 3 EL Öl, 1 TL Rosenpaprika, Salz, Pfeffer, 150 g Tomaten, 200 g Reis, 1 Petersilienstengel, 1 Tomate.

Fleisch waschen, trocken tupfen und in kleinere Würfel schneiden.

Zwiebeln und die Knoblauchzehe abziehen und hakken. Die Zwiebeln in einem Schmortopf in Öl goldgelb dünsten, vom Herd nehmen und mit Paprika bestreuen.

Die Fleischwürfel zugeben und bei starker Hitze unter ständigem Rühren kräftig anbraten. Salzen und pfeffern, etwas Wasser zugeben und bei mittlerer Hitze schmoren lassen.

Inzwischen Tomaten waschen, überbrühen, häuten, entkernen und achteln.

Ist das Fleisch fast gar, den Reis und die Tomaten zufügen und alles miteinander umrühren. Das Ganze in eine feuerfeste Form geben und mit so viel Wasser angießen, daß die Zutaten 1 bis 2 Finger hoch bedeckt sind.

Das Gericht zum Kochen bringen, dann den Deckel aufsetzen oder mit Alufolie abdecken und im vorgeheizten Backofen 20 Minuten bei 200° C gar dünsten. Das Reisfleisch darf nicht klebrig sein! Mit Petersilie und Tomatenscheiben dekorieren.

Nährwerte pro Portion	
Kilokalorien:	*610*
Kilojoule:	*2590*
Eiweiß/g:	*39*
Kohlenhydrate/g:	*43*
Fett/g:	*27*
Ballaststoffe/g:	*3*

Ungarischer Gänsetopf

4 Portionen

4 Gänsekeulen oder 2 Brüste oder 1 kg Gänseklein, 1 mittelgroße Zwiebel, 2 Knoblauchzehen, 1 TL schwarze Pfefferkörner, Salz, 3 große Möhren, ½ Sellerieknolle, 3 Pastinaken oder große Petersilienwurzeln, frisch gemahlener schwarzer Pfeffer, 250 g Reis, etwas krause Petersilie zum Garnieren.

Gänsefleisch waschen und in einen großen Topf legen, mit kaltem Wasser bedecken und zum Kochen bringen. Ganze Zwiebel waschen und evtl. putzen. Knoblauchzehen abziehen und etwas quetschen, so daß sie platzen, aber ganz bleiben. Wenn das Wasser kocht, die Hitze zurückschalten, Zwiebel, Knoblauchzehen und Pfefferkörner zugeben und schwach salzen. Topf leicht zudecken und die Brühe etwa 50 Minuten köcheln lassen.

Inzwischen Möhren, Sellerie und Pastinaken waschen, putzen und schälen. Möhren und Pastinaken quer in Scheiben schneiden, Knollensellerie klein würfeln. Das Gemüse nach 50 Minuten Kochzeit in den Topf geben und die Gänsebrühe ungefähr noch 20 Minuten schwach köcheln lassen, bis das Fleisch weich ist. Die Keulen aus der Brühe heben und ihre Haut rundherum mit einem spitzen Messer einschneiden. Zwiebel und Knoblauchzehen aus der Brühe entfernen und das Gemüse abseihen.

Nun werden alle Zutaten in eine tiefe feuerfeste Form mit Deckel geschichtet: Die abgeseihte Gänsebrühe mit Salz und Pfeffer abschmecken und davon 3 Suppenkellen voll auf den Boden der Form geben. Dazu kommen 2 bis 3 EL Gemüse, ebensoviel Reis, 1 bis 2 Gänsekeulen – wenn sie zu groß sind, in der Mitte halbieren. Dann wieder Brühe, Gemüse, Reis und Fleisch. Man braucht ca. 1 l Brühe!

Die Form verschließen und in den auf 180° C vorgeheizten Backofen stellen. 20 Minuten garen.

Die Form aus dem Ofen nehmen, das Gericht leicht durchmischen und etwas Brühe nachgießen, falls es einen zu trockenen Eindruck macht. Die verschlossene Form für weitere 25 bis 30 Minuten in den Backofen stellen.

Die Form aus dem Ofen nehmen und die Temperatur auf 220° C erhöhen. Die Keulen aus dem Eintopf ziehen und auf eine feuerfeste Platte legen. Den Gemüsereis zugedeckt warmhalten. Die Keulen für ca. 10 Minuten in den heißen Backofen stellen, 2. Schiene von oben, damit sie etwas Farbe annehmen. Danach die Keulen auf dem Gemüsereis anrichten und mit Petersilie dekorieren. Dazu paßt ein gemischter Salat.

Variante:
Das Gemüse kann durch Pilze oder Erbsen, 150 g, ergänzt werden. Noch feiner ist das Gericht, wenn es mit Stücken von gebratener, frischer Gänseleber belegt wird.

Nährwerte pro Portion	
Kilokalorien:	*980*
Kilojoule:	*4100*
Eiweiß/g:	*35*
Kohlenhydrate/g:	*60*
Fett/g:	*60*
Ballaststoffe/g:	*7*

Sizilianischer Auflauf

4 Portionen

750 g Zucchini, Salz, 500 g Sahnequark, 2 Eigelb, frischgemahlener weißer Pfeffer, 1 Prise Muskatnuß, 1/4 l fertige italienische Tomatensauce, Olivenöl zum Ausbacken, 40 g Butter, 50 g geriebener Parmesankäse.

Zucchini waschen, putzen und in sehr dünne Scheiben schneiden. Das Gemüse lagenweise in ein Sieb geben, leicht salzen und abtropfen lassen.

Den Quark mit Eigelb, Salz und Gewürzen glattrühren. Die Tomatensauce erhitzen. Zucchinischeiben auf Küchenkrepp trocknen. Genügend Olivenöl in einen Topf geben, um die Zucchini schwimmend ausbacken zu können. Gebackene Zucchinischeiben auf Küchenkrepp abtropfen lassen.

Eine Auflaufform mit der Hälfte der Butter ausstreichen. Abwechselnd Zucchini, Quark und Tomatensauce einfüllen. Zuletzt sollte etwas Tomatensauce sein. Darüber den Parmesankäse streuen und die restliche Butter in Flöckchen daraufgeben.

Den Auflauf unter dem vorgeheizten Grill 5 Minuten überbacken oder bei 250° C im vorgeheizten Backofen auf der mittleren Schiene 7–8 Minuten backen.

Dazu schmeckt knuspriges Weißbrot.

Nährwerte pro Portion	
Kilokalorien:	*540*
Kilojoule:	*2280*
Eiweiß/g:	*23*
Kohlenhydrate/g:	*10*
Fett/g:	*43*
Ballaststoffe/g:	*2*

Überbackener Quarkauflauf mit Schinken, Champignons und Zucchini

4 Portionen

8 Eier, 300 g Magerquark, 1/4 l Vollmilch, 50 g Grieß, Salz, Pfeffer, 1 Bund Schnittlauch geschnitten, 1 Bund Petersilie gehackt, 200 g Champignons, 200 g Zucchini, 300 g Vorderschinken, in Scheiben geschnitten, 50 g Butter, 150 g Weißbrot, 100 g geriebener Parmesankäse.

Eier trennen. Aus Eigelb, Quark, Milch, Grieß, Salz, Pfeffer und den Kräutern eine glatte Masse rühren.

Champignons und Zucchini in Scheiben, den Schinken in Streifen schneiden und in die Auflaufmasse geben. Eiweiß steif schlagen und vorsichtig unterheben. Eine Auflaufform ausbuttern und mit dünnen Weißbrotscheiben auslegen.

Masse einfüllen, mit Parmesan bestreuen und Butterflöckchen aufsetzen. Im vorgeheizten Backofen bei 180° C 40 Minuten backen.

Nährwerte pro Portion	
Kilokalorien:	*840*
Kilojoule:	*3500*
Eiweiß/g:	*57*
Kohlenhydrate/g:	*38*
Fett/g:	*45*
Ballaststoffe/g:	*3*

Lasagne mit Hackfleisch

6 Portionen

Hackfleischmischung:
1 große Zwiebel, 2 Knoblauchzehen, 2 Möhren, 2 Stengel Staudensellerie, 1 Bund glatte Petersilie, 2 EL Öl, 1 kg gemischtes Hackfleisch, Salz, frischgemahlener schwarzer Pfeffer, 1 Messerspitze Chilipulver, 2 TL getrockneter Oregano, 400 ml pürierte Tomaten, 2 EL Tomatenmark.

Béchamelsauce:
50 g Butter, 60 g Mehl, 1/2 l Fleischbrühe, 1/2 l Milch, Salz, frischgemahlener weißer Pfeffer, frischgeriebene Muskatnuß,

2 Mozzarellakäse, 12 grüne Lasagneblätter, gebrauchsfertig, 50 g Butter, 150 g frisch geriebener Parmesankäse.

Zwiebel und Knoblauch abziehen und sehr fein hacken. Die Möhren schälen und raffeln, Staudensellerie putzen und fein hacken. Gewaschene Petersilie trockenschleudern, grobe Stengel entfernen und die Blätter fein hacken.

In einer weiten Pfanne das Öl erhitzen und alle Zutaten von Zwiebel bis Petersilie bei mittlerer Hitze kurz dünsten. Das Hackfleisch zugeben und unter laufendem Wenden krümelig braten. Die Gewürze von Salz bis Oregano untermischen.

300 ml pürierte Tomaten mit dem Tomatenmark verrühren, an das Hackfleisch

geben und die Mischung bei schwacher Hitze 30 Minuten schmoren lassen.

Inzwischen für die Béchamelsauce die Butter in einem Topf schmelzen, Mehl einrühren und hell anschwitzen. Fleischbrühe und Milch langsam zugießen und dabei mit dem Schneebesen kräftig schlagen, damit sich keine Klümpchen bilden. Die Sauce einmal aufkochen lassen, mit Salz, Pfeffer und frisch geriebener Muskatnuß abschmekken und auf schwacher Hitze ausquellen lassen.
Die abgetropften Mozzarellakäse in Scheiben von ca. 5 mm Stärke schneiden. Alle anderen Zutaten bereitstellen. Backofen auf 200° C vorheizen.

Vor dem Schichten der Lasagne die Hackfleischmischung und die Béchamelsauce noch einmal abschmekken und eventuell nachwürzen.

Die Backform mit der Hälfte der Butter ausstreichen. Den Boden dünn mit Béchamelsauce überziehen und mit einer Schicht Lasagneblätter auslegen – je nach Größe der Form ergeben sich 3 oder 4 Schichten, die Füllung entsprechend portionieren!

Auf die Lasagneblätter eine Lage Hackfleisch geben, darauf Mozzarellascheiben und etwas Béchamelsauce, mit geriebenem Parmesan bestreuen. Nun kommen in derselben Reihenfolge wieder Lasagneblätter und die Füllung. Zuoberst liegen Lasagneblätter, die mit der restlichen Béchamelsauce und dem Tomatenpüree überzogen werden. Restlichen Parmesan darüberstreuen und Butterflöckchen aufsetzen.

Lasagne im vorgeheizten Backofen bei 200° C auf der mittleren Schiene mindestens 30 Minuten backen. Die Oberfläche soll goldbraun gratiniert sein.

Den Auflauf vor dem Anschneiden gut 5 Minuten in der Form ruhen lassen.

Dieses Rezept ist ziemlich üppig, aber ganz besonders gut!

Nährwerte pro Portion	
Kilokalorien:	*1160*
Kilojoule:	*4880*
Eiweiß/g:	*59*
Kohlenhydrate/g:	*46*
Fett/g:	*75*
Ballaststoffe/g:	*4*

Lasagne mit Spinat

4 Portionen

Tomatensauce:
1 Zwiebel, 2 Knoblauchzehen, 2 Möhren, 2 Stengel Staudensellerie, 1 Bund glatte Petersilie, 2 EL Öl, 400 ml Tomatenwürfel oder 1 kleine Dose geschälte Tomaten mit Saft, 3 EL Tomatenmark, Salz, frischgemahlener schwarzer Pfeffer, 1 Messerspitze Chilipulver, 2 TL italienische Kräutermischung oder die entsprechende Menge Oregano, Thymian und Rosmarin selbst mischen.

Béchamelsauce:
30 g Butter, 40 g Mehl, 300 ml Gemüsebrühe, 300 ml Milch, Salz, frischgemahlener weißer Pfeffer, frischgeriebene Muskatnuß.

1,2 kg Spinat, 1 kleine Zwiebel, 1 Knoblauchzehe, 70 g Butter, Salz, frischgemahlener weißer Pfeffer, frischgeriebene Muskatnuß, 2 Mozzarellakäse, 12 weiße Lasagneblätter, gebrauchsfertig, 150 g frischgeriebener Parmesankäse.

Zwiebel und Knoblauch abziehen und fein hakken. Die Möhren schälen und grob raspeln. Staudensellerie putzen und fein hacken. Gewaschene Petersilie trockenschleudern, grobe Stengel entfernen und die Blätter fein hacken.

Öl in einem weiten Topf erhitzen. Alle Zutaten von Zwiebel bis Petersilie einrühren und bei mittlerer Hitze dünsten. Tomaten, Tomatenmark, Gewürze und Kräuter zugeben, verrühren und die Sauce auf schwacher Hitze einkochen lassen.

Inzwischen für die Béchamelsauce Butter schmelzen, das Mehl einrühren und hellgelb anschwitzen. Brühe und Milch langsam zugeben und dabei mit dem Schneebesen kräftig schlagen. Die Sauce einmal aufkochen, mit Salz, Pfeffer und Muskatnuß abschmecken und bei schwacher Hitze ausquellen lassen.

Spinat verlesen, waschen und abtropfen lassen. Zwiebel und Knoblauch abziehen und fein hacken. 30 g Butter in einer weiten Pfanne mit Dekkel schmelzen, Zwiebel und Knoblauch darin glasig dünsten. Nasse Spinatblätter zugeben, die Pfanne fest verschließen und den Spinat bei mittlerer Hitze dämpfen bis er zusammengefallen ist. Das Gemüse mit Salz, Pfeffer und Muskatnuß abschmecken und in der offenen Pfanne unter mehrfachem Wenden trockendünsten.

Die abgetropften Mozzarellakäse in Scheiben schneiden. Alle anderen Zutaten bereitstellen. Den Backofen auf 200° C vorheizen.

Die Backform mit der Hälfte der restlichen Butter ausstreichen und den Boden mit einer dünnen Schicht Béchamelsauce überziehen. Darauf je nach Größe der Form 3–4 Lasagneblätter legen. Je nach Anzahl der Lasagne-Schichten die übrigen Zutaten portionieren! Lasagneblätter mit etwas Béchamelsauce bestreichen. Darauf Spinat, Mozzarellascheiben und die dicke Tomatensauce schichten. Mit etwas Parmesan bestreuen. Die Lagen wiederholen bis alle Zutaten verbraucht sind. Mit Lasagneblättern abschließen und darauf restliche Béchamel- und Tomatensauce streichen. Mit Parmesankäse bestreuen und Butterflöckchen aufsetzen.

Spinatlasagne im vorgeheizten Backofen bei 200° C auf der mittleren Schiene mindestens 20 Minuten backen. Vor dem Servieren gut 5 Minuten in der Form ruhen lassen.

Ein leckeres Rezept, ganz ohne Fleisch!

Nährwerte pro Portion	
Kilokalorien:	*1030*
Kilojoule:	*4330*
Eiweiß/g:	*45*
Kohlenhydrate/g:	*64*
Fett/g:	*61*
Ballaststoffe/g:	*11*

Fischauflauf Piemont

4 Portionen

Fett für die Form, 1 große Zwiebel, gewürfelt, 350 g Champignons, in Scheiben geschnitten, 1 kg Fischfilets, 1 Zitrone, Salz, Pfeffer, 4 EL Semmelbrösel, 2 EL Parmesan, 1 EL Olivenöl, ⅛ l Weißwein, ½ Bund Petersilie.

Eine Auflaufform ausbuttern. Zwiebel und Champignons zusammen in die Form geben. Die Fischfilets mit Zitronensaft säuern, leicht salzen und pfeffern und auf die Mischung legen.

Semmelbrösel mit Parmesan vermengen und über den Fisch geben. Mit Olivenöl beträufeln. Seitlich den Weißwein zuschütten. Im vorgeheizten Backofen bei 180° C 30 Minuten backen.

Petersilie waschen, hacken und über das Gericht streuen.

Nährwerte pro Portion	
Kilokalorien:	*260*
Kilojoule:	*1100*
Eiweiß/g:	*47*
Kohlenhydrate/g:	*5*
Fett/g:	*6*
Ballaststoffe/g:	*2*

Spaghetti-Krabbenauflauf

4 Portionen

100 g Kokosflocken,
¼ l Milch, 400 g Spaghetti,
400 g Krabben, Salz, Pfeffer,
⅛ l Weißwein, 1 Knoblauchzehe, abgezogen und gehackt,
2 EL Butter, 1 große Zwiebel, gewürfelt, 4 Tomaten, entkernt und gewürfelt, je 1 rote und gelbe Paprikaschote, entkernt und gewürfelt,
½ Bund glatte Petersilie, gehackt, Fett für die Form,
30 g geriebener Parmesankäse zum Bestreuen.

Kokosflocken mit ¼ l heißer Milch übergießen und quellen lassen. Spaghetti in Salzwasser bißfest kochen, abgießen und grob hacken.

Krabben mit Salz, Pfeffer, Weißwein und Knoblauch marinieren.

Butter in einem Topf schmelzen, Zwiebel, Tomaten, Paprikaschoten und Petersilie andünsten.

Die Krabben samt Marinade zugeben und im offenen Topf bei mittlerer Hitze ca. 5 Minuten dünsten.

Die Kokosmasse in ein Tuch geben und die Milch auspressen, in die Krabbenmischung rühren. Alles köcheln lassen, bis die Sauce sämig wird.

Eine feuerfeste Form mit Fett ausstreichen. Spaghetti und Krabbenmischung einfüllen und mit geriebenem Käse bestreuen.

Im vorgeheizten Backofen bei 200° C auf der mittleren Schiene ca. 20 Minuten backen.

Nährwerte pro Portion	
Kilokalorien:	*640*
Kilojoule:	*2670*
Eiweiß/g:	*35*
Kohlenhydrate/g:	*79*
Fett/g:	*16*
Ballaststoffe/g:	*5*

Gratinierte Pasta

2 Portionen

1 Beutel oder ca. 200 g gefüllte Pasta, wie Tortellini oder Ravioli – Füllung nach Ihrem Geschmack, Salz.
30 g Butter, 1 Mozzarellakäse, 1 Beutel oder ca. 100 ml fertige italienische Tomatensauce, 40 g geriebener Parmesankäse.

Die Pasta nach Anweisung auf der Packung kurz in Salzwasser garen. Eine Gratinform mit der Hälfte der Butter ausstreichen. Abgetropfte Pasta einfullen.

Den abgetropften Mozzarellakäse in Würfel schneiden und zwischen die Pasta verteilen. Mit Tomatensauce überziehen und mit geriebenem Parmesankäse bestreuen. Die restliche Butter in Flöckchen darauf verteilen.

Im vorgeheizten Backofen bei 220° C in ca. 15 Minuten goldbraun überbacken.

Bei Verwendung von halbfertigen Produkten ist das ein echtes Blitzrezept!

Nährwerte pro Portion	
Kilokalorien:	*540*
Kilojoule:	*2240*
Eiweiß/g:	*28*
Kohlenhydrate/g:	*15*
Fett/g:	*37*
Ballaststoffe/g:	*2*

Makkaroniauflauf

Mehr Abbildungen zu diesem Auflauf und zu zwei Varianten finden Sie auf Seite 14/15.

4 Portionen

200 g Nudeln in beliebiger Form, Salz, 350 g gekochtes Kasseler, 500 g Zucchini, Fett für die Form.

Würze:

Salz, Pfeffer, 2 Knoblauchzehen, je 1 Bund Petersilie, Dill und Frühlingszwiebeln

Zum Bestreuen:

100 g geriebener Emmentaler, 3 EL Semmelbrösel, 50 g Butter in Flöckchen.

Nudeln in Salzwasser bißfest kochen und abtropfen lassen oder Nudelreste verwenden.

Kasseler würfeln, Zucchini putzen und in Scheiben schneiden. Eine weite Auflaufform fetten. Zucchini rundherum salzen und pfeffern. Knoblauch abziehen und pressen. Kräuter waschen, trockenschleudern und fein hacken. Frühlingszwiebeln abziehen, das dunkelgrüne Ende abschneiden und die Zwiebeln fein hacken. Knoblauch, Kräuter und Frühlingszwiebeln vermischen.

Die Auflaufform füllen: zuunterst die Nudeln, dann das Kasseler, jede Schicht mit Kräutermischung würzen und zuletzt die Zucchini darauflegen.

Reibkäse, Semmelbrösel und Butterflöckchen über den Auflauf verteilen. Im vorgeheizten Backofen bei 200° C auf der zweiten Schiene von unten etwa 35 Minuten backen.

Falls die Kruste keine schöne Farbe annimmt, am Ende der Garzeit kurz den Infragrill einschalten oder auf höchste Temperatur und Oberhitze schalten.

Nährwerte pro Portion	
Kilokalorien:	*680*
Kilojoule:	*2920*
Eiweiß/g:	*35*
Kohlenhydrate/g:	*45*
Fett/g:	*38*
Ballaststoffe/g:	*3*

Zusätzliche Zutaten für Version 2 „Saftig mit Eiermilch“:

4 Eier, ¼ l Milch, Salz, Pfeffer, 200 g geriebener Emmentaler zum Bestreuen.

Zusätzliche Zutaten für Version 3 „Samtig mit Béchamel“:

30 g Butter, 40 g Mehl, ½ l Milch, Muskatnuß, 200 g geriebener Emmentaler.

Brasilianischer Krabbenauflauf

Ein leichtes Gericht mit exotischem Aroma

4 Portionen

100 g Kokosflocken, ¼ l Milch, Fett für die Form, 1 große Zwiebel, 1 Knoblauchzehe, 4 EL Olivenöl, 300 g Kartoffeln, 2 Tomaten, 400 g Krabben, 150 g Maiskörner aus der Dose, Schale von ½ unbehandelten Zitrone, ½ TL gemahlener Kreuzkümmel, Salz, Pfeffer, 1 Bund glatte Petersilie, gehackt, 4 Eier, 2 EL geriebener Parmesankäse.

Kokosflocken mit der heißen Milch übergießen und quellen lassen. Eine feuerfeste Form mit Fett ausstreichen. Zwiebel und Knoblauch abziehen und fein hacken. Öl in einem Topf erhitzen, Zwiebel und Knoblauch darin andünsten.

Kartoffeln schälen und klein würfeln. Tomaten entkernen und hacken. Beides in den Topf geben und andünsten. Dann die Krabben untermischen sowie die abgetropften Maiskörner, Zitronenschale, Gewürze und gehackte Petersilie in den Topf mischen.

Gequollene Kokosflocken in ein Tuch geben und die Milch über dem Gericht auspressen. Die Mischung bei schwacher Hitze köcheln lassen, bis fast alle Flüssigkeit verdampft ist. Dann in die feuerfeste Form füllen und erkalten lassen.

Eier trennen, Eiweiß sehr steif schlagen und das Eigelb nach und nach unterziehen. Zuletzt den geriebenen Käse unterheben.

⅔ der Eiermasse vorsichtig unter die Krabbenmischung rühren. Den Rest mit Salz und Pfeffer abschmecken und gleichmäßig über das Gericht verteilen.

Auflauf im vorgeheizten Backofen bei 220° C auf der untersten Schiene ca. 35 Minuten backen. Garprobe!

Nährwerte pro Portion	
Kilokalorien:	*490*
Kilojoule:	*2040*
Eiweiß/g:	*32*
Kohlenhydrate/g:	*26*
Fett/g:	*25*
Ballaststoffe/g:	*4*

Fischauflauf unter Sahnepüree

4 Portionen

Fett für die Form, 1 große Zwiebel, 400 g Champignons, 1 Bund glatte Petersilie, 4 EL Olivenöl, Salz, 1 kg Fischfilets, 1 Zitrone, 4 EL Weißwein, Pfeffer.

Kartoffelpüree:

750 g mehlig kochende Kartoffeln, Salz, 30 g Butter, 250 g Schlagsahne, frisch geriebene Muskatnuß, 4 EL Semmelbrösel, 2 EL geriebener Parmesan, 30 g Butter.

Eine flache Auflaufform ausfetten und beiseite stellen. Zwiebel abziehen und würfeln, Champignons putzen und in Stücke schneiden. Petersilie waschen und hacken. Zwiebel, Pilze und Petersilie in Olivenöl goldgelb dünsten, leicht salzen. Diese Mischung auf den Boden der Auflaufform verteilen.

Fischfilets vorbereiten: säubern, mit Zitrone säuern, salzen, abtropfen lassen und auf das Gemüsebett in die Form legen. Mit Weißwein beträufeln und mit frischgemahlenem weißen Pfeffer bestreuen.

Geschälte Kartoffeln in großen Stücken in Salzwasser eben garkochen, abdämpfen und durch die Presse drücken. Kartoffelschnee mit Butterstückchen und kochendheißer Sahne aufschlagen. Mit geriebener Muskatnuß und evtl. noch etwas Salz abschmecken.

Den Fisch mit dem Sahnepüree überziehen. Semmelbrösel und Parmesan mischen und über die Kartoffelhaube streuen, mit Butterflöckchen besetzen.

Den Auflauf im vorgeheizten Backofen bei 180° C 30 Minuten backen. Wenn die Püreehaube nicht schön bräunt, den Auflauf noch kurz unter den Grill stellen. Achtung: wird schnell zu dunkel!

Nährwerte pro Portion	
Kilokalorien:	*910*
Kilojoule:	*3830*
Eiweiß/g:	*63*
Kohlenhydrate/g:	*44*
Fett/g:	*48*
Ballaststoffe/g:	*7*

Gemüsemoussaka

4 Portionen

2 kleine Auberginen, ca. 250 g, Salz, 3 Zucchini, ca. 400 g, 1 Paprikaschote, 500 g Tomaten, 250 g Zwiebeln, 2 Knoblauchzehen, 1 Bund Basilikum, Fett für die Form, Pfeffer, 2 EL Öl, 100 g frischer Schafskäse, 50 g geriebener Emmentaler.

Auberginen waschen, putzen und quer in 1 cm dicke Scheiben schneiden. Salzen und 30 Minuten stehen lassen, damit der bittere Saft ablaufen kann. Abspülen und abtropfen lassen.

Zucchini waschen, putzen und ebenfalls in Scheiben schneiden. Paprikaschote waschen, entkernen und in Streifen schneiden. Tomaten waschen, häuten und achteln. Zwiebeln und Knoblauchzehen abziehen und wie die Basilikumblätter fein hacken.

Eine feuerfeste Form fetten. Alle Zutaten einschließlich Basilikum mischen, hineingeben und mit Salz und Pfeffer bestreuen. Mit Öl beträufeln und im vorgeheizten Backofen bei 200° C 30 Minuten backen. Den Schafskäse zerkrümeln, mit dem geriebenen Käse darübergeben und weitere 15 Minuten überbacken.

Sofort heiß servieren! Knuspriges, frisches Brot schmeckt gut dazu.

Nährwerte pro Portion	
Kilokalorien:	*260*
Kilojoule:	*1100*
Eiweiß/g:	*12*
Kohlenhydrate/g:	*12*
Fett/g:	*17*
Ballaststoffe/g:	*6*

Moussaka mit Hackfleisch

Im Südosten Europas versteht man unter „Moussaka“ alle überbackenen Eintopfgerichte. Fleisch ist fast immer dabei, geschichtet mit anderen Zutaten und mit einer Béchamelsauce übergossen. Statt der Béchamel wird häufig saure Sahne verwendet, mit Eigelb und Reibkäse vermischt.

4 Portionen

500 g Kartoffeln, Salz, 600 g Auberginen, 6 EL Pflanzenöl, 2 große Zwiebeln, 2 Knoblauchzehen, 500 g Hackfleisch vom Lamm oder Schwein, Pfeffer, 500 g Tomaten, Fett für die Form, 3 Tomaten, 2 Eier, 200 g Schlagsahne, 150 g Reibkäse, am besten Schafskäse, wie Pecorino.

Kartoffeln in der Schale in Salzwasser garkochen, pellen und in Scheiben schneiden.

Die Auberginen waschen, putzen, dünn schälen und der Länge nach aufschneiden. Die Scheiben auslegen, leicht einsalzen und wenigstens 1 Stunde durchziehen lassen, damit der bittere Saft austritt. Dann unter fließendem Wasser abspülen, gut abtropfen lassen und zwischen Küchenkrepp trocknen.

Die Hälfte des Öls in einer Pfanne erhitzen und die Auberginenscheiben darin herausbraten. Anschließend mit einem Schaumlöffel aus dem Fett heben und auf Küchenkrepp legen.

Zwiebeln und Knoblauchzehen abziehen, in Ringe schneiden bzw. den Knoblauch zerquetschen. Zwiebelringe im restlichen Öl anschwitzen, das Hackfleisch, den Knoblauch, Salz und Pfeffer zugeben und alles bei starker Hitze 5 Minuten anbraten. Tomaten waschen, häuten, achteln, der Hackfleischmischung zugeben und 10 Minuten im offenen Topf mitschmoren lassen.

Eine feuerfeste Form fetten und mit einer Schicht Kartoffelscheiben auslegen. Darauf eine Schicht Auberginenscheiben geben, dann eine Schicht Tomatenfleisch und so fort, bis die Zutaten verbraucht sind. Die 3 Tomaten waschen, in Scheiben schneiden und als oberste Schicht auflegen.

Die Eier in der Sahne verrühren, den geriebenen Käse hineingeben, mit Salz und Pfeffer würzen und über die geschichteten Zutaten gießen.

Im vorgeheizten Backofen bei 200° C etwa 25 Minuten backen. In der Form servieren.

Nährwerte pro Portion	
Kilokalorien:	*1080*
Kilojoule:	*4530*
Eiweiß/g:	*45*
Kohlenhydrate/g:	*34*
Fett/g:	*78*
Ballaststoffe/g:	*9*

Sellerie in Zwiebel-Béchamelsauce

4 Portionen

600 g Knollensellerie, 2 mittelgroße Zwiebeln, 40 g Butter, ½ Suppenwürfel, 30 g Butter, 40 g Mehl, ½ l Milch, 2 Eigelb, Salz, Pfeffer, Öl für die Form, 50 g geriebener Emmentalerkäse, 1 Bund Petersilie.

Den Sellerie unter fließendem Wasser gut abbürsten, kochen, noch warm schälen und abkühlen lassen. Anschließend in etwa ½ cm dicke Scheiben schneiden. Zwiebeln abziehen und in Ringe schneiden.

In der Butter den halben Suppenwürfel zerbröckeln und die Zwiebelringe darin hell andünsten.

Aus Butter, Mehl und Milch eine Béchamelsauce zubereiten, etwas abkühlen lassen und die Eigelbe einzeln unterziehen. Nach Geschmack salzen und pfeffern.

In eine geölte feuerfeste Form die Selleriescheiben und die Zwiebeln schichten, mit der Sauce übergießen und dem geriebenen Käse bestreuen. Im vorgeheizten Backofen bei 180° C 30 Minuten goldbraun backen.

Petersilie waschen, hacken, darüberstreuen und sofort heiß servieren.

Nährwerte pro Portion	
Kilokalorien:	*330*
Kilojoule:	*1400*
Eiweiß/g:	*11*
Kohlenhydrate/g:	*16*
Fett/g:	*25*
Ballaststoffe/g:	*7*

Auberginen Parmigiana

4 Portionen

1 kg Auberginen, Salz, ⅛ l Olivenöl, Fett für die Form, 1 kg Tomaten, 1 große Zwiebel, Pfeffer, 1 Bund Basilikum, 3 Mozzarellakäse, 50 g geriebener Parmesan.

Auberginen in Scheiben schneiden, mit Salz bestreuen und 1 Stunde ziehen lassen. Dann abspülen und mit Küchenkrepp trockentupfen. Auberginenscheiben in der Hälfte des Öls ausbacken, auf Küchenkrepp abtropfen lassen. Eine feuerfeste Form fetten.

Tomaten mit heißem Wasser überbrühen und häuten. Kerne entfernen, kleinschneiden. Zwiebel abziehen, fein würfeln und in Öl glasig dünsten.

Mit den Tomaten zu einer dicken Sauce einkochen lassen. Salzen, pfeffern.

Basilikum hacken, Mozzarellakugeln in Scheiben schneiden. Abwechselnd Auberginen, Basilikum, Sauce, geriebenen Parmesan und Mozzarella in die Form füllen.

Im vorgeheizten Backofen bei 200° C 30 Minuten backen. Der Auflauf kann auch kalt gegessen werden.

Folgende weitere Gemüse können als Auflauf „alla parmigiana“ zubereitet werden: Blumenkohl, Brokkoli, Zucchini, Kartoffeln, Spargel, Stangensellerie.

Nährwerte pro Portion	
Kilokalorien:	*750*
Kilojoule:	*3150*
Eiweiß/g:	*31*
Kohlenhydrate/g:	*17*
Fett/g:	*58*
Ballaststoffe/g:	*8*

Auberginen Riad

4 Portionen

1 kg reife Auberginen, 800 g Gemüsezwiebeln, 3 Knoblauchzehen, 200 ml Olivenöl, Salz, 1 Zweig frischer Thymian, 500 g Kichererbsen aus der Dose, 1 kg kleine feste Tomaten, Chilipulver.

Auberginen in Scheiben schneiden. Gemüsezwiebeln und Knoblauchzehen abziehen und getrennt kleinhacken.

Die Hälfte des Olivenöls in einer Pfanne erhitzen. Die Auberginenscheiben mit dem Knoblauch bestreichen und etwa 5 Minuten darin braten. Leicht salzen und mit einem flachen Schaumlöffel herausheben. Den Boden einer feuerfesten Form damit auslegen. Nun die Zwiebeln in dem restlichen Öl goldgelb anrösten und auf den Auberginenscheiben verteilen.

Ein frisches Thymianzweiglein abstreifen und das Gemüse damit würzen. Kichererbsen in die Form geben und über dem Gemüse verteilen, schwach salzen.

Tomaten kreuzweise einritzen, überbrühen, abziehen, von den Kernen befreien, vierteln und um den Rand der Form anordnen. Mit etwas Salz, Chilipulver und Thymian kräftig nachwürzen.

¼ l Wasser angießen und den Auflauf im vorgeheizten Backofen bei 200° C 40 Minuten backen.

Nährwerte pro Portion	
Kilokalorien:	*1100*
Kilojoule:	*4600*
Eiweiß/g:	*33*
Kohlenhydrate/g:	*90*
Fett/g:	*68*
Ballaststoffe/g:	*26*

Blumenkohl-Möhrentorte

4 Portionen

1 kg zarte Möhren, Salz, 120 g Butter, ⅛ l Milch, 4 Eier, Pfeffer, etwas Muskatnuß, 1 TL Mehl, 1 kleiner Blumenkohl, 30 g Semmelbrösel, 5–6 dünne Scheiben Emmentaler oder Gouda, 1 Eigelb.

Möhren putzen und in ¼ l Salzwasser im geschlossenen Topf dämpfen. Auf einem Sieb abtropfen lassen und passieren.

In einem Topf 80 g Butter erhitzen und das Püree dazugeben. Milch hinzugießen und bei mittlerer Hitze unter ständigem Rühren ein sämiges Püree kochen.

4 Eier trennen. 3 Eigelb an das Püree geben und darin verrühren. Das Eiweiß steifschlagen und unter die erkaltete Gemüsemasse ziehen. Salzen, pfeffern und mit geriebener Muskatnuß würzen.

In eine ausgebutterte, mit Mehl bestreute kranzförmige Kuchenform füllen. Im vorgeheizten Backofen bei 180° C etwa 15 Minuten backen.

Inzwischen den geputzten ganzen Blumenkohl in Salzwasser garkochen und auf einem Sieb abtropfen lassen.

Eine feuerfeste Platte ausbuttern und mit Semmelbröseln bestreuen.

Den Möhrenkranz darauf stürzen und in die Mitte den Blumenkohl setzen. Restliche Butter zerlassen, das Gemüse damit beträufeln und alles mit Käsescheiben bedecken. Mit dem glattgerührten Eigelb bestreichen. Die Blumenkohl-Möhrentorte bei 180° C goldgelb backen. Sofort auftragen.

Variante:
Unter den Blumenkohl 1–2 Löffel gedünstete grüne Erbsen, Schinken, Pilze oder Bratenreste legen.

Nährwerte pro Portion	
Kilokalorien:	*690*
Kilojoule:	*2900*
Eiweiß/g:	*31*
Kohlenhydrate/g:	*24*
Fett/g:	*54*
Ballaststoffe/g:	*12*

Gemüseauflauf

4 Portionen

250 g Möhren, 250 g Champignons, 250 g Brokkoli, Salz, 3 EL Butter, 100 g durchwachsener Speck, 1 Zwiebel, ½ Bund Petersilie, 2 EL Mehl, ½ l Milch, 1 Ei, 4 EL Reibkäse, 2 EL Semmelbrösel.

Möhren putzen und in Scheiben schneiden. Pilze putzen, vierteln. Vom Brokkoli die Blätter entfernen und in Röschen teilen. Stiele halbieren und in kleinere Stücke schneiden.

In 1 l Salzwasser Möhren und Brokkoli bißfest kochen. Mit einem flachen Schaumlöffel das Gemüse aus dem Wasser heben und abtropfen lassen. Die Champignons in etwas Butter dünsten, leicht salzen. Das Gemüse zugedeckt beiseite stellen.

1 EL Butter in einem Topf erhitzen. Die Speckwürfel leicht darin anbräunen. Zwiebel abziehen und hacken, Petersilie waschen, kleinschneiden und dazugeben. Zwiebel goldgelb anlaufen lassen. Nun das Mehl anstäuben. Die Hälfte der Milch unter ständigem Rühren nach und nach dazugießen. Das Ei unterziehen. Die Masse gut umrühren und 2 EL Reibkäse untermischen. Das Gemüse unter die Crème heben und gut vermischen.

Eine feuerfeste Auflaufform buttern und den Auflauf im vorgeheizten Backofen bei 180° C 45 Minuten backen. Nach ca. 30 Minuten Semmelbrösel und restlichen Käse mischen, über den Gemüseauflauf streuen, Butterflöckchen daraufsetzen und fertig überbacken.

Nährwerte pro Portion	
Kilokalorien:	*480*
Kilojoule:	*2000*
Eiweiß/g:	*15*
Kohlenhydrate/g:	*19*
Fett/g:	*37*
Ballaststoffe/g:	*6*

Kartoffelauflauf mit Pilzen

4 Portionen

800 g Kartoffeln, Salz, 400 g Pilze, 4 Eier, 1 große Zwiebel, 1 EL Öl, 20 g Butter, Salz, 250 g saure Sahne, 1 Eigelb, 1 Bund Petersilie.

Pellkartoffeln kochen, noch warm schälen, abkühlen lassen und in Scheiben schneiden.

Pilze waschen, putzen und in Scheiben aufschneiden. Eier hart kochen, die Zwiebel abziehen und wie die Eier in feine Scheiben schneiden. In einem kleinen Topf das Öl erhitzen und die Pilze darin 5 Minuten dünsten.

Anschließend eine feuerfeste Form mit Butter fetten, zuunterst eine Schicht Kartoffelscheiben legen, darauf eine Schicht Eischeiben, dann etwas von den Pilzen darübergeben, dazu ein paar Zwiebelringe, etwas salzen, dann wieder eine Schicht Kartoffeln und so fortfahren, bis alle Zutaten verbraucht sind. Zuoberst kommt eine Kartoffelschicht. Die saure Sahne mit dem Eigelb und einer Prise Salz verrühren.

Petersilie waschen, kleinschneiden, der Eisahne zugeben und dann über die geschichteten Kartoffeln gießen. Im vorgeheizten Backofen bei 220° C 30 Minuten schön braun backen.

In der Form servieren und gemischten Salat dazu reichen.

Nährwerte pro Portion	
Kilokalorien:	*550*
Kilojoule:	*2300*
Eiweiß/g:	*16*
Kohlenhydrate/g:	*38*
Fett/g:	*34*
Ballaststoffe/g:	*7*

Kartoffeln mit gefüllten Pilzköpfen

4 Portionen

Fett für die Form, 500 g Waldpilze mit möglichst ganzen Köpfen, 1 Bund Petersilie, 1 Knoblauchzehe, 500 g Kartoffeln, 2 feste Tomaten, Salz, Pfeffer, 3 EL Öl.

Eine feuerfeste Form fetten. Die Pilze waschen und putzen. Petersilie waschen und von den Stielen zupfen. Den Knoblauch abziehen und zusammen mit den Pilzstielen und der Petersilie hacken. 1 Petersilienstengel zum Dekorieren aufheben.

Kartoffeln waschen, schälen, in Scheiben schneiden und die Form damit auslegen.

Die Pilzköpfe mit der Lamellenseite nach oben daraufsetzen und mit dem Pilz-Knoblauch-Petersiliengemisch füllen.

Mit je einer Tomatenscheibe bedecken, salzen, pfeffern und mit Öl beträufeln. Im vorgeheizten Backofen bei 180° C ca. 35 Minuten backen. Sofort heiß servieren.

Nährwerte pro Portion	
Kilokalorien:	*240*
Kilojoule:	*1010*
Eiweiß/g:	*5*
Kohlenhydrate/g:	*24*
Fett/g:	*12*
Ballaststoffe/g:	*5*

Porreestrudel

4 Portionen

180 g Mehl, 1 Ei, ½ TL Öl, ½ TL Zitronensaft, Salz.

Füllung:

6 mittlere Stangen Porree, 150 g Reibkäse, z. B. Emmentaler, 2 Eier, Salz, Pfeffer, Muskatnuß, 200 g gekochter Schinken in Scheiben, 20 g Butter für das Blech, 1 Eigelb, Kümmel.

Mehl mit dem Ei, Öl, Zitronensaft, einer Prise Salz und so viel lauwarmem Wasser verkneten, bis der Teig nicht mehr klebt. Einen Teiglaib formen und zugedeckt 30 Minuten ruhenlassen.

Den Porree gut waschen, das Grüne für dieses Gericht alles wegschneiden. Jede Stange in vier Stücke teilen und in ½ l Salzwasser halbgar dünsten. Gut abtropfen und abkühlen lassen.

Reibkäse mit den Eiern, Salz und Pfeffer verschlagen. Mit einer kleinen Reibe eine Spur Muskatnuß zugeben.

Ein Küchentuch bemehlen und darauf den Strudelteig zu einer dünnen, rechteckigen Teigplatte ausrollen.

Mit Schinken belegen, am Teigrand je 3 cm freilassen. Die Porreestücke darauf verteilen und mit der Eimasse bestreichen.

Mit Hilfe des Küchentuchs den Teig nicht zu fest zusammenrollen, die Teigränder ausziehen, etwas andrücken und die Teigenden unter die Strudelrolle stecken, damit beim Backen die Füllung nicht herausrinnt.

Die Strudelrolle auf ein mit Butter gefettetes Blech geben, obenauf mit Eigelb bepinseln, reichlich mit Kümmel bestreuen und im vorgeheizten Backofen bei 180° C etwa 35 Minuten backen, bis der Strudel oben schön braun ist. 5 bis 10 Minuten abkühlen lassen, damit der Strudel sich besser aufschneiden läßt. Warm servieren.

Nährwerte pro Portion	
Kilokalorien:	*610*
Kilojoule:	*2560*
Eiweiß/g:	*34*
Kohlenhydrate/g:	*39*
Fett/g:	*32*
Ballaststoffe/g:	*6*

Französischer Käsestrudel

4 Portionen

400 g tiefgefrorener Mürbeteig, 20 g Rosinen, 20 g abgezogene Mandeln, 200 g Schmelzkäse, Butter für das Backblech, 200 g Quark, Salz, Pfeffer, 100 g Butter, 100 g gekochter Schinken in Scheiben, 2 EL Milch zum Bestreichen.

Den Mürbeteig auftauen lassen. Inzwischen Rosinen in lauwarmem Wasser einweichen und die Mandeln grob hacken. Den Käse in hauchdünne Scheiben schneiden.

Backblech mit Backtrennpapier oder Alufolie auslegen und buttern.

In einer Schüssel Quark und Schmelzkäse mit einem Handrührgerät schaumig rühren und die gut abgetropften Rosinen und die Mandeln einrühren. Mit Salz und Pfeffer abschmecken und gut verrühren.

Anschließend ein größeres Geschirrtuch über die Arbeitsfläche breiten, bemehlen und darauf den Teig ganz dünn rechteckig ausrollen. Die Käsemasse nun gleichmäßig auf den Teig verteilen.

In einem kleinen Pfännchen die Butter zerlassen und die Hälfte darüberträufeln. Mit Schinkenscheiben belegen. Mit Hilfe des Geschirrtuchs so fest wie möglich zusammenrollen und hufeisenförmig auf das Backblech legen.

Backofen vorheizen. Den Strudel mit der restlichen zerlassenen Butter bestreichen und im Backofen bei 180° C 30 Minuten goldbraun backen. Sollte die Oberfläche sehr austrocknen, mit etwas Milch bestreichen, aber frühestens nach 20 Minuten den Backofen öffnen! Sofort heiß servieren!

Variante:
Kann auch mit Pilzen und Suppengrün gefüllt werden.

Nährwerte pro Portion	
Kilokalorien:	*1000*
Kilojoule:	*4170*
Eiweiß/g:	*25*
Kohlenhydrate/g:	*63*
Fett/g:	*67*
Ballaststoffe/g:	*2*

Herzhafter Kartoffelpudding

4 Portionen

1 Metallform von 1,5 l Inhalt mit Kamin und Deckel
Für die Form: 1 EL Butter, 2 EL Semmelbrösel.
Pudding:
800 g mehlig kochende Kartoffeln, Salz, 1 große Zwiebel, 2 Knoblauchzehen, 1 EL Butter, 1 Bund glatte Petersilie, 250 g würziger Schnittkäse, z. B. mittelalter Gouda, 2 Eier, 1 TL getrockneter Majoran, Pfeffer, frisch geriebene Muskatnuß, 1 TL scharfes Paprikapulver, 2–3 EL Crème fraîche.

Die Form sorgfältig mit der Butter ausstreichen und mit Semmelbröseln ausstreuen.

Kartoffeln als Salzkartoffeln kochen, abdämpfen und noch warm durch die Kartoffelpresse drücken.

Zwiebel und Knoblauchzehen abziehen, fein hacken und in der Butter goldgelb dünsten. Petersilie waschen und hacken, Käse fein würfeln, Eier trennen.

Das Wasserbad in einem hohen Kochtopf mit Deckel vorbereiten.

In einer Schüssel den Kartoffelschnee mit Zwiebeln, Kräutern, Käse und Eigelb vermischen und würzig abschmecken. Vorsicht beim Salzen, da der Käse auch Salzgeschmack abgibt! Die Masse mit 2 bis 3 EL Crème fraîche geschmeidig rühren. Zuletzt das Eiweiß sehr steif schlagen und unterheben.

Die Puddingmasse gut ¾ hoch in die vorbereitete Form füllen und die Form leicht auf dem Tisch aufstoßen, damit keine Luftlöcher bleiben. Puddingform verschließen und in das heiße, aber nicht sprudelnd kochende Wasser stellen. Topfdeckel schließen und den Pudding auf dem Herd 1½ Stunden garen.

Nach Ende der Garzeit die geschlossene Form kurz unter kaltes Wasser halten, öffnen und den Pudding auf einen Teller stürzen.

Gut dazu: Kalte Joghurt-Schnittlauchsauce und Salat. Kartoffelpudding paßt auch als Beilage zu gekochtem Fleisch, zu Gulasch und anderen Ragouts.

Variation:
150 g feingewürfelten geräucherten Schweinebauch unter die Kartoffelmasse mischen. Den Pudding statt in einem Topf auf dem Herd in einem Wasserbad im Backofen garen: gut 1 Stunde bei 200° C.

Nährwerte pro Portion	
Kilokalorien:	*590*
Kilojoule:	*2470*
Eiweiß/g:	*24*
Kohlenhydrate/g:	*41*
Fett/g:	*33*
Ballaststoffe/g:	*5*

Tiroler Schmarren

3 Portionen

Teig:
250 g saure Sahne,
150 g Mehl, 3 Eier, Salz,
Pfeffer, frisch geriebene
Muskatnuß.

Einlage:
100 g geräucherter Schweinebauch, 1 kleine Zwiebel,
1 Knoblauchzehe, 6 kleine
Champignons, 1 kleine
Stange Lauch, 2 EL Butter,
½ TL getrockneter Majoran,
Kümmel nach Belieben, Salz,
frisch gemahlener Pfeffer.

Aus allen Zutaten einschließlich Muskatnuß einen Eierkuchenteig rühren und ausquellen lassen.

Schweinebauch fein würfeln. Zwiebel und Knoblauchzehe abziehen und fein hacken. Champignons putzen und halbieren, Lauchstange putzen, waschen und in Ringe schneiden.

In einer weiten Pfanne die Hälfte der Butter zerlassen, Schweinebauch, Zwiebel und Knoblauch andünsten. Die anderen Gemüse zugeben, die Mischung würzen und 5 Minuten dünsten lassen.

Die restliche Butter zugeben und den gründlich verrührten Eierkuchenteig in die Pfanne gießen. Den Teig auf einer Seite goldbraun backen. Dann wenden, kurz backen und zum Schmarren zerreißen. Dabei evtl. noch mehr Butter zugeben.

Tiroler Schmarren nach Belieben mit Schnittlauchröllchen bestreuen. Dazu passen Saucen, wie Kräuterrahm und dick eingekochte Tomaten, und ein knackiger Blattsalat.

Achtung: Falls Ihre Pfanne leicht anlegt, die Butter erhitzen und den Teig wie üblich für einen Eierkuchen eingießen. Die getrennt gedünsteten Einlagen gleichmäßig darauf verteilen.

Nährwerte pro Portion	
Kilokalorien:	*860*
Kilojoule:	*3610*
Eiweiß/g:	*16*
Kohlenhydrate/g:	*41*
Fett/g:	*67*
Ballaststoffe/g:	*3*

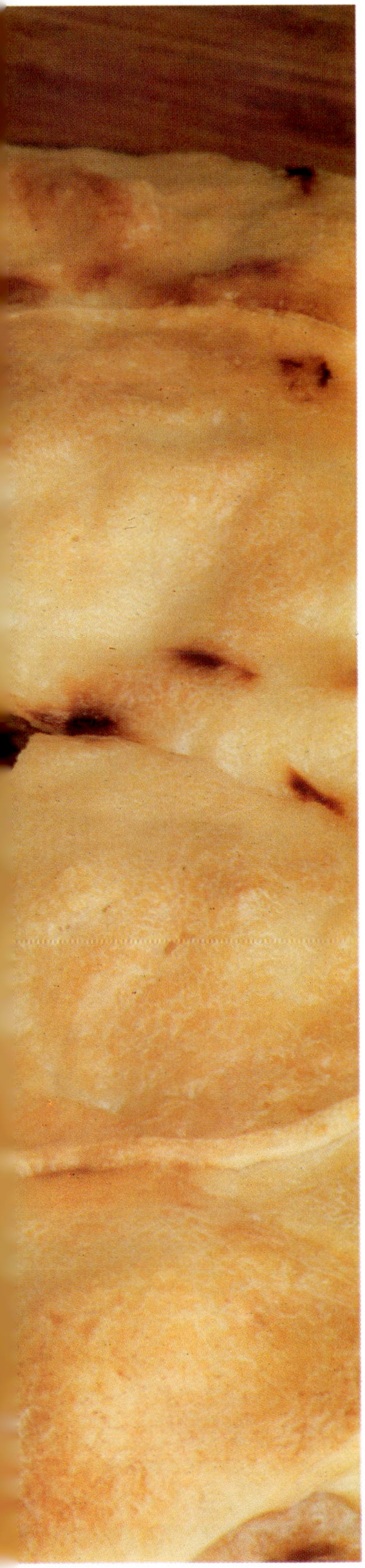

Pikanter Eierkuchenberg

6 Portionen

1 Springform, Butter für die Form, 1 Pfanne für Eierkuchen im Durchmesser der Springform.

Eierkuchenteig:

100 g Mehl, 150 ml Milch, 100 ml Wasser, 1 Prise Salz, 2 Eier, 2 EL Öl, Butter zum Ausbacken.

Füllung:

1 große Zwiebel, 2 Knoblauchzehen, 1 kleine Dose geschälte Tomaten, 2 EL Öl, 2 EL Tomatenmark, 1 Bund Petersilie, 2 Stück eingelegte rote Paprikaschote, 1 Messerspitze Chilipulver, 500 g gemischtes Hackfleisch, ½ EL provenzalische Kräutermischung, 300 g bulgarischer Schafskäse, Salz, Pfeffer, 200 g dünne Käsescheiben: junger Gouda oder Emmentaler oder Butterkäse.

Boden und Wand der Springform mit Butter ausstreichen. Für den Eierkuchenteig alle Zutaten von Mehl bis einschließlich Salz mit dem Schneebesen verrühren und mindestens 30 Minuten quellen lassen. Danach Eier und Öl zugeben und den Teig schön glatt rühren. Um dünnflüssig zu sein, braucht er evtl. noch einen Schuß Wasser.

Zum Ausbacken der Eierkuchen die Pfanne erhitzen und, falls sie nicht beschichtet ist, etwas Butter darin schmelzen. Nacheinander 6 dünne Eierkuchen backen.

Für die Füllung Zwiebel und Knoblauchzehen abziehen und fein hacken. Dosentomaten abtropfen lassen und grob hacken. Das Öl in einer Pfanne erhitzen. Zwiebel, Knoblauch und Tomaten darin andünsten. Das Tomatenmark einrühren und die Mischung schwach köcheln lassen.

Gewaschene Petersilie und Paprikaschote fein hakken, zugeben und alles mit Chilipulver abschmecken.

Die Tomatenmasse abkühlen lassen und mit dem Hackfleisch verrühren. Kräutermischung und fein zerbröckelten Schafskäse zugeben, mit Salz und Pfeffer abschmecken.

In die vorbereitete Springform einen Eierkuchen legen und mit Füllung bestreichen. Weitere Eierkuchen und Füllung einschichten und mit dem letzten Eierkuchen abdecken. Darauf die Käsescheiben gleichmäßig verteilen.

Den Eierkuchenberg im vorgeheizten Backofen bei 200° C auf der unteren Schiene 40 Minuten backen. Achtung: Alufolie unterlegen, weil etwas Saft aus der Springform tropfen kann.

Zu diesem Eierkuchenberg schmeckt ein knackiger Blattsalat.

Nährwerte pro Portion	
Kilokalorien:	830
Kilojoule:	3470
Eiweiß/g:	40
Kohlenhydrate/g:	18
Fett/g:	61
Ballaststoffe/g:	2

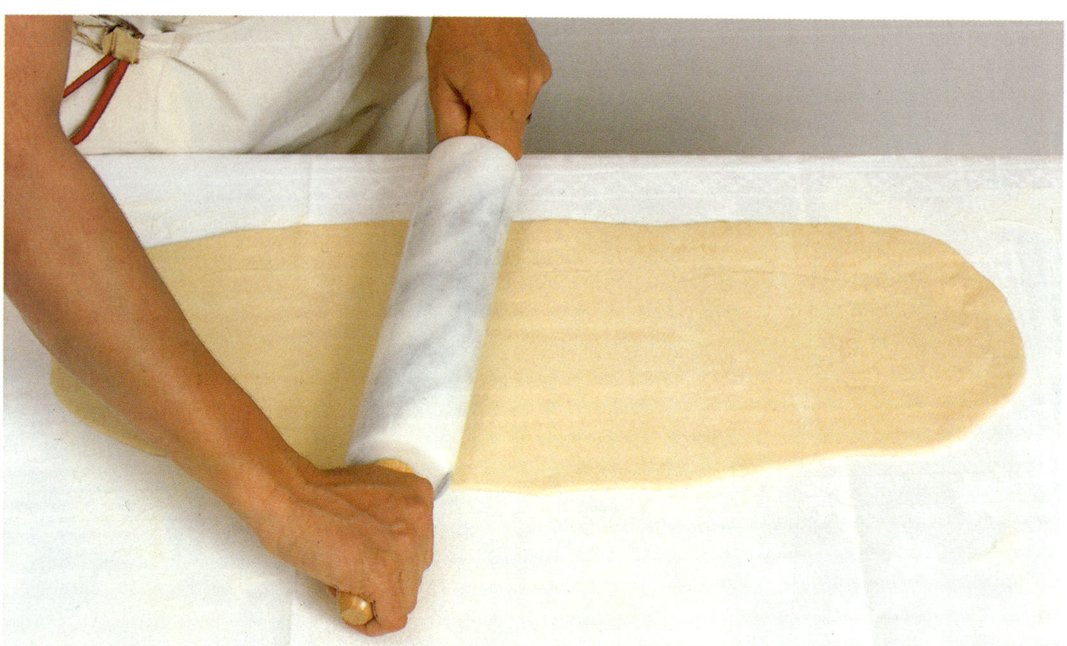

Aufgelaufener Mandel-Rahmstrudel

6 Portionen

Strudelteig:
200 g Mehl, 40 g Zucker, 1 Prise Salz, 1 Ei, 120 g flüssige, lauwarme Butter, Mehl zum Verarbeiten, 1 EL Öl, 100 g weiche Butter zum Bestreichen und für die Form.

Füllung:
100 g saftige große Rosinen, 140 g grobgemahlene Mandeln, 70 g Butter, 6 Eier, getrennt, 2 Päckchen Vanillinzucker, 2 TL Zimt, 250 g saure Sahne, 250 g Schlagsahne zum Übergießen, 100 g Puderzucker.

Mehl, Zucker und Salz sieben und eine Mulde hineindrücken. ⅛ l lauwarmes Wasser mit dem Ei und der Butter verquirlen und zugießen. Alle Zutaten vermischen. Der Teig ist zunächst weich und klebrig. Den Teig mit der Hand vom Schüsselrand ziehen und so lange durcharbeiten bis er sich löst.

Arbeitsfläche bemehlen und den Teig etwa 10–15 Minuten kneten: Pressen, kräftig dehnen und schlagen, bis der Teig elastisch, glatt und seidig wirkt. Eine Kugel daraus formen und mit Öl bepinseln. Schüssel oder Topf mit kochendem Wasser ausspülen, trocknen und über den Teig stülpen. 30–60 Minuten ruhen lassen.

Ein Leinentuch von 120 × 70 cm auf die Arbeitsfläche legen und gleichmäßig mit Mehl bestäuben. Die Teigkugel in die Mitte legen und erst längs, dann in die Breite zu einem Rechteck ausrollen.

Zum Ausziehen mit beiden Händen unter den Teig greifen und ihn von der Mitte nach außen über den Handrücken ziehen und dabei vorsichtig dehnen. Ringsum fortfahren, bis der Teig so groß wie das Tuch und durchsichtig ist. Die dickeren Teigränder abschneiden. Nach dem Ausziehen 10 Minuten antrocknen lassen.

In den 10 Minuten die Füllung zubereiten. Rosinen in warmem Wasser quellen lassen und trocknen. Mandeln in einer trockenen, schweren Pfanne rösten.

Butter, Eigelb, Vanillinzucker, Zimt und saure Sahne und die Mandeln verrühren. Eiweiß steifschlagen und unterziehen.

Den Teig mit Butter bestreichen. Mandelschaum auf zwei Drittel des Strudelteigs streichen. Rosinen darüberstreuen. Rundum einen Rand lassen und auf die Füllung schlagen. Den Strudel durch Anheben des Tuchs aufrollen.

Eine feuerfeste Form buttern und den Strudel vorsichtig hineinlegen. Restliche Butter schmelzen und den Strudel damit bestreichen.

Im vorgeheizten Backofen bei 190° C 30 Minuten backen. Dann mit der Sahne übergießen. Nach weiteren 15 Minuten ist der Strudel fertig.

Herausnehmen und 5 Minuten ruhen lassen. Portionsweise abstechen.

Nach Belieben mit Puderzucker bestäuben. Dazu schmeckt Pflaumenkompott.

Nährwerte pro Portion	
Kilokalorien:	*1160*
Kilojoule:	*4850*
Eiweiß/g:	*17*
Kohlenhydrate/g:	*66*
Fett/g:	*87*
Ballaststoffe/g:	*5*

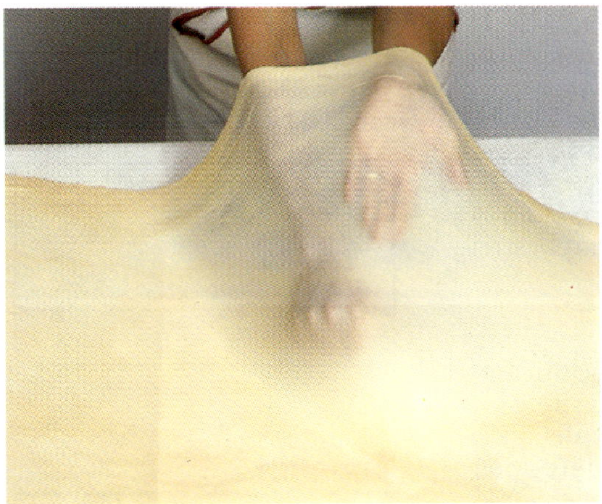

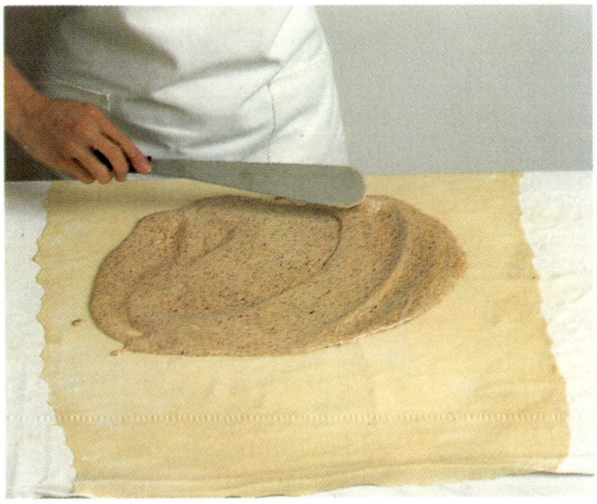

Obststrudel

4 Portionen

Strudelteig:
200 g Mehl, 1 Prise Salz, 1 EL Öl, 100 ml lauwarmes Wasser, 1 TL Essig, 100 g Butter zum Bestreichen.

Apfelfüllung:
1 kg Äpfel, 80 g Zucker, 1 TL Zimt, 3 EL Semmelbrösel, 1 EL Butterschmalz, 2 EL Mandelstifte, 2 EL Puderzucker, 50 g Rosinen.

Aprikosenfüllung:
500 g Aprikosen, 50 g Mandelblättchen, 30 g Pistazienkerne, 100 g Biskuitbrösel, 50 g Zucker, 4 cl Aprikot Brandy.
Fett für das Blech.

Den Strudelteig aus den angegebenen Zutaten bis einschließlich Essig nach der Anleitung für „Mandel-Rahmstrudel" zubereiten. Während der Teig unter einer Schüssel ruht, eine der beiden folgenden Füllungen vorbereiten.

Apfelfüllung:
Äpfel schälen, achteln, entkernen und blättrig schneiden. Mit Zucker und Zimt vermischen. Semmelbrösel in Butterschmalz anrösten. Mandelstifte in einer trockenen, heißen Pfanne mit Puderzucker rösten. Rosinen mit heißem Wasser brühen, kurz quellen und dann abtropfen lassen.

Aprikosenfüllung:
Aprikosen blanchieren, häuten und entkernen. Die Früchte sechsteln. Mandelblättchen in einer trockenen, heißen Pfanne goldgelb rösten. Mit Pistazien, Biskuitbröseln und Zucker unter die Aprikosen mischen. Mit Aprikot Brandy aromatisieren.

Strudelteig wie beschrieben ausziehen und 10 Minuten antrocknen lassen.

Butter schmelzen und ¾ der Teigfläche damit bestreichen.

Apfelstrudel:
Semmelbrösel gleichmäßig auf den gebutterten Teig streuen. Darauf Äpfel, geröstete Mandeln und Rosinen verteilen. Rundum einen schmalen Teigrand lassen, der über die Füllung geschlagen wird.

Aprikosenstrudel:
Die Füllung auf das vordere Teigviertel gleichmäßig verteilen. Rundherum einen Teigrand lassen, der über die Füllung geschlagen wird.

Zum Aufrollen beider Strudel den belegten Teig durch Anheben des Tuchs zügig zu einer Rolle formen. Den Strudel ebenfalls mit Hilfe des Tuchs auf das gefettete Backblech oder in eine Auflaufform heben. Die Teigenden der Rolle einschlagen und den Strudel mit der restlichen Butter bestreichen.

Apfelstrudel im vorgeheizten Backofen bei 200° C etwa 35 Minuten backen.

Aprikosenstrudel bei 220° C etwa 25 Minuten backen.

Beide Strudel können 10 Minuten vor Ende der Backzeit mit 150 g Crème fraîche oder mit derselben Menge Schlagsahne überzogen werden.

Fertigen Strudel nach Belieben mit Puderzucker bestäuben. Am besten schmecken die Strudel lauwarm. Dazu paßt Vanillesauce oder Eis.

Nährwerte pro Portion	
Kilokalorien:	*720*
Kilojoule:	*3020*
Eiweiß/g:	*12*
Kohlenhydrate/g:	*74*
Fett/g:	*38*
Ballaststoffe/g:	*6*

Appeltat

4 Portionen

1 kg Äpfel, Butter und Semmelbrösel für die Form, 5 EL Zucker, 80 g geriebene Mandeln, 80 g Rosinen, 125 g Mehl, 1 Messerspitze Backpulver, ⅛ l Milch, 150 g Sahne, 2 Eier, Zimt und Zucker zum Bestreuen.

Äpfel waschen, schälen, Kerngehäuse ausstechen und in dünne Scheiben schneiden. Eine feuerfeste Form gut buttern, mit Semmelbröseln ausstreuen und mit einer dicken Schicht Apfelscheiben belegen. Zucker, Mandeln und Rosinen darüberstreuen. Die Schichten wiederholen, bis die Form zur Hälfte gefüllt ist.

Aus dem Mehl, Backpulver, Milch, Sahne und Eiern einen glatten Teig rühren und in die Auflaufform füllen. Im vorgeheizten Backofen bei 200° C ca. 1 Stunde backen. In der Form mit Zimt und Zucker bestreut servieren.

Nährwerte pro Portion	
Kilokalorien:	*640*
Kilojoule:	*2700*
Eiweiß/g:	*12*
Kohlenhydrate/g:	*82*
Fett/g:	*27*
Ballaststoffe/g:	*10*

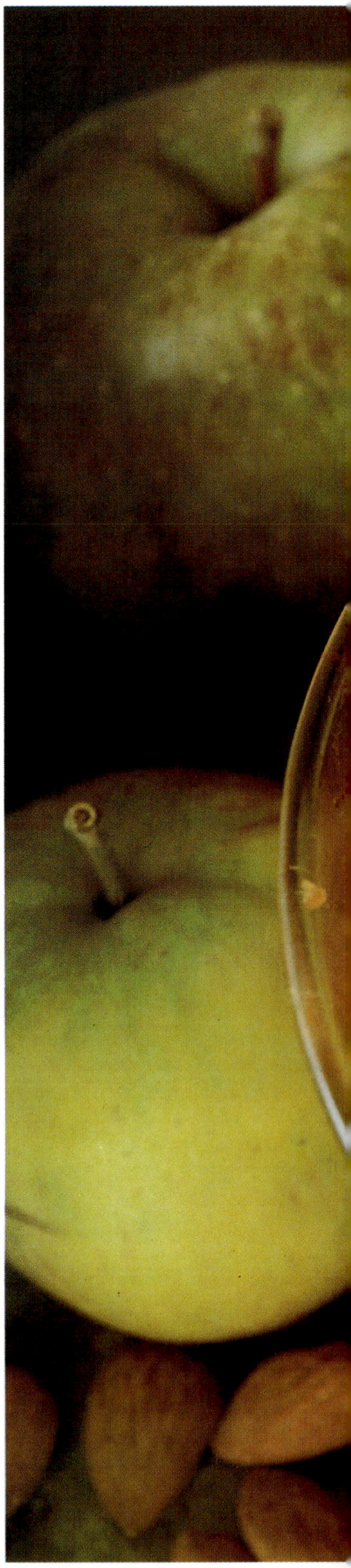

Sacherauflauf mit Birnen

Das berühmte Sachertortenrezept wurde hier zum Auflauf umgewandelt. Saftige Williamsbirnen runden das Schokoladenaroma ab. Der Auflauf schmeckt warm ebenso gut wie kalt.

6 Portionen

30 g Butter und 2 EL feiner Zucker für 1 Auflaufform von 1.5 l Inhalt.
125 g Butter, 125 g Zucker, 5 Eier, getrennt, 150 g zartbittere Schokolade, 50 g Mehl, 100 g geröstete gemahlene Mandeln, 3 Williamsbirnen, 400 g Schlagsahne, 1 EL Zucker, ca. 4 cl Williamsbirnengeist.

Boden und Wand der Auflaufform mit Butter ausstreichen und gleichmäßig mit Zucker bestreuen. Den Backofen auf 180° C vorheizen.

Butter mit der Hälfte des Zuckers schaumig rühren, dann das Eigelb nach und nach einrühren.

Schokolade zerbröckeln und in einem Töpfchen im Wasserbad schmelzen. Flüssige Schokolade, Mehl und gemahlene Mandeln unter die Masse ziehen. Die Birnen schälen, der Länge nach in 6–8 Spalten schneiden, entkernen und den Boden der Auflaufform belegen.

Das Eiweiß mit dem restlichen Zucker steifschlagen und unter die Masse heben.

Schokoladenmasse über die Birnen verteilen und die Form in den vorgeheizten Backofen auf die mittlere Schiene stellen. Auflauf 15 Minuten bei Unterhitze backen, dann auf Ober- und Unterhitze umstellen und weiterhin bei 180° C backen. Nach insgesamt 45 Minuten in der Mitte des Auflaufs eine Garprobe machen: mit einem Holz- oder Metallspieß hineinstechen – der Teig darf nicht daran kleben bleiben. Rund um die Birnen kann auch die fertiggebackene Masse etwas feuchter, also dunkler sein.

Sahne mit Zucker halb steifschlagen und mit Williamsbirnengeist abschmekken. Den fertigen Auflauf vor dem Anstechen 5 Minuten ruhen lassen.

Nährwerte pro Portion	
Kilokalorien:	*910*
Kilojoule:	*3800*
Eiweiß/g:	*13*
Kohlenhydrate/g:	*58*
Fett/g:	*64*
Ballaststoffe/g:	*6*

Scheiterhaufen

4 Portionen

6 Brötchen, ½ l Milch, 500 g säuerliche Äpfel, 1 Zitrone, 5 Eier, 2 EL Zucker, 1 EL Margarine für die Form, 10 g Semmelbrösel, 1 TL Zimt, 1 EL Zucker, 100 g Rosinen, 30 g Butter, etwas geriebene Zitronenschale, 1 EL Zucker, 50 g Nüsse, gehackt, 20 g Butter.

Brötchenrinde abreiben, Brötchen in Scheiben schneiden und mit ¼ l kochender Milch übergießen. Gut durchfeuchten. Eine Stunde ruhen lassen.

Äpfel schälen, entkernen und in schmale Spalten schneiden, mit Zitrone beträufeln. Restliche Milch mit den Eiern und dem Zucker verquirlen. Auflaufform fetten, gleichmäßig mit Semmelbröseln bestreuen.

Anschließend je eine Lage Brotscheiben, Äpfel, Zimt, Zucker, Rosinen und Butterstückchen einschichten. Eiermilch mit geriebener Zitronenschale dazwischengießen. Oberste Schicht bilden die Äpfel. Mit Zucker und gehackten Nüssen überstreuen. Butterflöckchen aufsetzen und 1 Stunde im Backofen bei 180° C backen.

Nährwerte pro Portion	
Kilokalorien:	*790*
Kilojoule:	*3300*
Eiweiß/g:	*24*
Kohlenhydrate/g:	*93*
Fett/g:	*36*
Ballaststoffe/g:	*6*

Reisauflauf mit Äpfeln

4 Portionen

1 l Milch, Salz, 1 EL Butter, 250 g Reis, 4 Eier, 1 Zitrone, Fett für die Form, 120 g Zukker, 1 Päckchen Vanillinzucker, 30 g Rosinen, 500 g säuerliche Äpfel, ⅛ l Himbeersirup, 1 Himbeere.

Milch mit 1 Prise Salz und Butter zum Kochen bringen. Den Reis dazugeben und bei geschlossenem Topf ca. 20 Minuten bei mittlerer Hitze garen. Hitze abschalten und den Reis ausquellen lassen, bis er weich ist, dann abkühlen lassen.

Inzwischen Eier trennen. Eiweiß in den Kühlschrank stellen. Zitrone waschen, trocknen und die Schale abreiben. Auflaufform gut fetten. Eigelb, Zucker und Zitronenschale mit dem elektrischen Quirl zu einer dicken Creme schlagen und die Rosinen untermischen. Die Eiercreme unter den abgekühlten Milchreis ziehen.

Äpfel waschen, schälen, Kernhaus ausstechen und in Spalten schneiden. Sehr harte Äpfel nach dem Schälen in leichtem Zitronen-Zuckersud halbweich garen.

Eischnee steifschlagen, leicht salzen und ebenfalls vorsichtig unter die Masse heben. Apfelspalten zuunterst in die Form legen. Den Auflauf in die Form füllen und 15–20 Minuten bei 180° C im vorgeheizten Backofen backen, er soll eine schöne hellbraune Farbe haben.

Etwas abkühlen lassen und ein feuchtes Küchentuch über die Form legen. Dann auf einen Teller stürzen und mit einem Klecks Himbeersirup und einer Himbeere verzieren.

Mit Himbeersirup servieren.

Nährwerte pro Portion	
Kilokalorien:	*820*
Kilojoule:	*3420*
Eiweiß/g:	*20*
Kohlenhydrate/g:	*132*
Fett/g:	*20*
Ballaststoffe/g:	*4*

Pfirsisch-Makronen-auflauf

4 Portionen

50 g Makronenbrösel, 2 EL Branntwein, 100 g Pfirsichfleisch, in Stückchen geschnitten, 90 g Butter, 90 g Zucker, 3 Eier, 2 TL Zitronensaft, Zucker für die Form und zum Bestreuen.

Makronenbrösel mit Branntwein beträufeln und mit den Pfirsichstückchen mischen. Butter und Zucker schaumig rühren, die Eier trennen. Eigelb mit einer Gabel leicht schlagen, das Eiweiß mit Zitronensaft steifschlagen. Die Buttermasse mit dem Eigelb verrühren und unter die Pfirsich-Makronenmischung ziehen. Zuletzt den Eischnee unterheben.

Eine feuerfeste Form mit Zucker ausstreuen, die Auflaufmasse einfüllen und im vorgeheizten Backofen bei 180° C 45 Minuten backen.

Mit Zucker bestreut servieren. Dazu paßt halbsteif geschlagene Sahne.

Nährwerte pro Portion	
Kilokalorien:	*400*
Kilojoule:	*1660*
Eiweiß/g:	*6*
Kohlenhydrate/g:	*37*
Fett/g:	*24*
Ballaststoffe/g:	*0*

Aprikosen-Nudelauflauf

4 Portionen

250 g Eiernudeln, 30 g Zukker, Salz, 1 Päckchen Vanillinzucker, 1 l Milch, 1 Dose Aprikosenhälften, 500 g, 50 g Butter 100 g Schlagsahne, 1 Eigelb.

Die Nudeln mit Zucker, Salz und Vanillinzucker in der Milch garen. Aprikosenhälften abtropfen lassen. Eine feuerfeste Form ausbuttern. Milchnudeln abtropfen lassen und abwechselnd mit den Aprikosen in die Auflaufform schichten. Mit Butterflöckchen besetzen und im vorgeheizten Backofen bei 200° C 40 Minuten backen.

Sahne und Eigelb verrühren und über den Auflauf gießen. Die Form unter den Grill stellen und den Auflauf goldgelb überbacken.

Nährwerte pro Portion	
Kilokalorien:	*690*
Kilojoule:	*2890*
Eiweiß/g:	*18*
Kohlenhydrate/g:	*79*
Fett/g:	*30*
Ballaststoffe/g:	*3*

Reisauflauf mit Kokos und Rumpflaumen

4 Portionen

120 g Milchreis, ½ l Milch, 8 EL Kokosflocken, 150 g entsteinte Trockenpflaumen, 4 EL Rum, 500 g Quark, 3 Eier, 150 g Zucker, 50 g geschmolzene Butter, Fett für die Form, Puderzukker.

Reis in Milch halb weich garen und abtropfen lassen. Kokosflocken unterrühren. Die Pflaumen grob zerkleinern und mit Rum tränken. Den Quark mit den Eiern und dem Zucker mischen, die Butter unterrühren.

Eine feuerfeste Form einfetten und abwechselnd eine dicke Lage Reis, Quarkmasse und Pflaumen einfüllen. Die letzte Schicht soll aus Quark bestehen.

Backofen auf 200° C vorheizen. Bei 180° C 45 Minuten backen. Mit Puderzucker bestäuben.

Nährwerte pro Portion	
Kilokalorien:	*880*
Kilojoule:	*3700*
Eiweiß/g:	*29*
Kohlenhydrate/g:	*120*
Fett/g:	*34*
Ballaststoffe/g:	*5*

Apfelhut

Ein traditioneller englischer Pudding im Teigmantel, der im Wasserbad gegart wird. Für die angegebene Menge braucht man eine Puddingform von 1 Liter Inhalt oder eine entsprechend große Eisbombenform, wie sie hier benutzt wird.

4 Portionen

Weiche Butter für die Form und das Papier.

Teig:
225 g Mehl, 2 TL Backpulver, 1 Prise Salz, 1 Päckchen Vanillinzucker, abgeriebene Schale von 1 unbehandelten Zitrone, 125 g Butter, 6–8 EL kaltes Wasser.

Füllung:
600 g Kochäpfel, 2 EL Zukker, abgeriebene Schale von 1 unbehandelten Zitrone, 1 Messerspitze gestoßene Nelken, 1 TL Zimt, 3 Löffelbiskuits.

Die Form mit Butter ausstreichen und in den Kühlschrank stellen, damit die Butter nicht am Boden der Form zusammenläuft.

Mehl mit Backpulver, Salz und Vanillinzucker in eine Schüssel sieben. Zitronenschale zugeben. Butter in Flocken unter das Mehl hakken und mit den Fingern abbröseln. Kaltes Wasser zugeben und alles rasch zu einem leichten Teig kneten.

Das Wasserbad in einem großen Topf vorbereiten.

Den Teig kreisrund und etwa ½ cm dick ausrollen. Reichlich Mehl darüberstäuben und die Teigplatte in der Mitte falten. In jede Hälfte eine Falte legen, die zur Mitte spitz zuläuft. Dann die Falten von der Spitze zum Rand hin ausrollen, so daß sich eine Tasche bildet. Mit der Faust in die Teigtasche fahren und sie in die vorbereitete Form heben. Überschüssiges Mehl abwischen.

Für die Füllung die Äpfel schälen, sechsteln oder achteln, entkernen und in dünne Scheiben schneiden. 1 EL Zucker, Gewürze und Biskuitbrösel untermischen. Den Teigmantel damit füllen und den restlichen Zucker darüberstreuen. Die Teigränder anfeuchten, über der Apfelfüllung zusammenziehen und in der Mitte festdrücken.

Die Form mit gebuttertem Pergamentpapier und mit Alufolie wie folgt verschließen: In ein Blatt Butterbrotpapier zwei im rechten Winkel zueinanderstehende Falten legen, etwa 3 cm tief. Das Papier mit Butter bestreichen und die Form damit zudekken. Ein Blatt Alufolie ebenso falten, darüberlegen und mit Küchengarn fest zubinden. Weit überstehende Blattenden in Form schneiden.

Den Pudding in das heiße aber nicht sprudelnd kochende Wasserbad setzen. Die Form soll zu ¾ Höhe im Wasser stehen. Den Kochtopf fest verschließen. Garzeit im heißen Wasser: 2½ Stunden.

Den fertigen Apfelhut in der Form aus dem Wasserbad heben und vor dem Stürzen 5 Minuten ruhen lassen.

Zum Servieren kann der Apfelhut mit Puderzucker bestäubt werden. Dazu paßt halbsteif geschlagene Sahne oder Vanillesauce.

Variation:
Dieser Pudding kann auch mit einer Mischung aus Äpfeln und Brombeeren, mit Stachelbeeren oder Johannisbeeren gefüllt werden.

Nährwerte pro Portion	
Kilokalorien:	600
Kilojoule:	2530
Eiweiß/g:	7
Kohlenhydrate/g:	69
Fett/g:	30
Ballaststoffe/g:	5

Kartoffelmaultaschen

4 Portionen

1 kg mehlige Kartoffeln, Salz, etwas geriebene Muskatnuß, 150 g Mehl, 4 Eigelb, Mehl zum Verarbeiten

Füllung:
750 g säuerliche Kochäpfel, z. B. Boskop, Cox Orange oder Jonathan, 100 g Rosinen, 50 g Mandelblättchen, 50 g Puderzucker.

50 g Butter zum Bestreichen, 2 EL Zucker-Zimtmischung.

Geschälte Kartoffeln in Salzwasser kochen. Noch heiß durch eine Presse auf die bemehlte Arbeitsplatte drücken und erkalten lassen.

Den Kartoffelschnee mit etwas Salz, geriebener Muskatnuß und dem Mehl bestreuen und vermischen. Eigelb zugeben und den Kartoffelteig rasch durchkneten. Dabei nur so viel Mehl zugeben, daß der Teig nicht mehr klebt. Zur Kugel geformt unter einer umgestülpten Schüssel ruhen lassen.

Äpfel schälen, in schmale Spalten schneiden und entkernen. Die Spalten quer in dünne Scheibchen schneiden. Rosinen heiß brühen und abtropfen lassen. Mandelblättchen mit Puderzucker in einer trockenen Pfanne karamelisieren lassen.

Den Kartoffelteig auf der bemehlten Arbeitsfläche knapp 1 cm dick zu einem Rechteck ausrollen. Das Format sollte auf die Backform abgestimmt sein, damit 6–8 Maultaschen längs oder quer nebeneinander liegen können. Mit dem bemehlten Teigrad gleichmäßige Maultaschen schneiden. Äpfel, Rosinen und karamelisierte Mandelblättchen der Länge nach in die Mitte jedes Teigstücks häufen, die Ränder darüber zusammenschlagen und etwas andrücken.

Die Backform mit der Hälfte der weichen Butter ausstreichen. Kartoffelmaultaschen nebeneinander hineinlegen und mit der restlichen Butter bestreichen. Zucker-Zimtmischung darüberstreuen.

Den Backofen auf 200° C vorheizen und die Maultaschen ca. 45 Minuten backen.

Kartoffelmaultaschen heiß servieren und gekühlte Vanillesauce dazu reichen.

Nährwerte pro Portion	
Kilokalorien:	810
Kilojoule:	3380
Eiweiß/g:	15
Kohlenhydrate/g:	121
Fett/g:	25
Ballaststoffe/g:	14

Kaiserschmarren

Für einen Kaiserschmarren müssen die Eier immer getrennt und der Eischnee zuletzt unter den Teig gezogen werden. Wie Biskuit so leicht wird der Schmarren, wenn man ihn nicht auf dem Herd, sondern im Ofen bäckt.

2 Portionen

40 g Rosinen, 80 g Mehl,
⅛ l Milch, 2 Eier, getrennt,
1 Prise Salz, 1 EL Zucker,
30 g Butter, Puderzucker.

Rosinen heiß brühen, kurz quellen lassen, abtropfen und auf Küchenkrepp rundherum trocknen.

Das gesiebte Mehl mit Milch, Eigelb und Salz zu einem glatten Teig verrühren. Eiweiß und Zucker zu steifem Schnee schlagen und unter den Teig ziehen.

Butter in einer flachen, weiten feuerfesten Form (Durchmesser mindestens 26 cm) erhitzen. Backofen auf 200° C vorheizen.

Den Teig in die Form füllen, glattstreichen und die trockenen Rosinen darüberstreuen. Die Masse auf dem Herd bei mittlerer Hitze kurz anbacken und dann im vorgeheizten Ofen in ca. 10 Minuten fertigbacken.

Danach in gleichmäßige Stücke zerreißen, mit Puderzucker bestäuben und sofort servieren.

Dazu passen eingemachte Preiselbeeren oder ein anderes säuerliches Kompott.

Nährwerte pro Portion	
Kilokalorien:	*500*
Kilojoule:	*2080*
Eiweiß/g:	*14*
Kohlenhydrate/g:	*58*
Fett/g:	*21*
Ballaststoffe/g:	*2*

Semmelschmarren

4 Portionen

4 Semmeln, 6 Eier, ⅛ l Milch,
500 g Zwetschgen,
4 EL Zucker-Zimtmischung.

Karamelsauce:
150 g Zucker, 400 g Schlagsahne.

100 g Butterschmalz zum Braten.

Die Semmeln in dünne Scheiben schneiden. Eier und Milch verquirlen, über die Semmeln gießen und zugedeckt 1 Stunde stehen lassen.

Die gewaschenen Zwetschgen trockentupfen, halbieren, entsteinen und mit 2 EL Zucker-Zimtmischung bestreuen.

Für die Karamelsauce den Zucker in einer Stielkasserolle bei mittlerer Hitze schmelzen und goldgelb karamelisieren lassen. Nicht mit dem Kochlöffel in den Topf gehen, nur leich am Topfstiel rütteln. Den hellbraunen Karamel mit Sahne ablöschen, unter Rühren lösen und die Sauce eindicken lassen.

50 g Butterschmalz in einer weiten Bratpfanne erhitzen und den durchgemischten Semmelteig in einer gleichmäßigen Schicht einfüllen. Die Zwetschgen darüber verteilen und leicht zwischen die Semmeln drücken. Die Masse bei mittlerer Hitze braten, bis die Unterseite eine schöne Kruste angenommen hat.

Dann den Schmarren in großen Stücken abstechen, wenden und weiteres Butterschmalz zugeben. Wenn auch

die zweite Seite gebräunt ist, restliche Zucker-Zimtmischung über den Schmarren streuen. Kleinere Stücke abstechen und wenden, bis der Schmarren rundherum goldbraun ist.

Semmelschmarren heiß aus der Pfanne mit der warmen Karamelsauce servieren.

Statt der Zwetschgen können Kirschen beigegeben werden. Der Schmarren schmeckt auch ohne Obst. Anstelle der Karamelsauce paßt auch Vanillesauce.

Nährwerte pro Portion	
Kilokalorien:	*1100*
Kilojoule:	*4600*
Eiweiß/g:	*18*
Kohlenhydrate/g:	*98*
Fett/g:	*66*
Ballaststoffe/g:	*3*

Rohrnudeln mit Zwetschgen

4 Portionen

Für ca. 10 Nudeln:

500 g Mehl, 30 g Hefe, 2 TL Zucker, ¼ l Milch, 1 Prise Salz, 1 Ei, abgeriebene Zitronenschale, 50 g Rosinen, 50 g Butter, 10 Zwetschgen, 10 Zuckerstücke, Fett für die Form, Zucker.

Für den Hefeteig Mehl in eine Schüssel sieben. Die Hefe mit dem Zucker auflösen, in die Mehlmulde geben, mit lauwarmer Milch, Salz und etwas Mehl einen Vorteig rühren. Diesen Vorteig 10–15 Minuten gehen lassen.

Dann die restlichen Zutaten dazugeben, die Butter in Flocken schneiden und alles zu einem lockeren Hefeteig verarbeiten. Der Teig darf nicht mehr an der Schüssel anhaften. Mit etwas Mehl bestäuben und an einem warmen Ort bis zur doppelten Menge gehen lassen.

Hefeteig ausrollen, kleine Teigstücke abstechen, Teig ein wenig ausziehen. In die Mitte jeweils eine entsteinte, mit einem Zuckerstückchen gefüllte Zwetschge geben, Teigränder zusammenschlagen und zu Rohrnudeln formen. In eine gefettete Form legen und im vorgeheizten Backofen bei 200° C 20–25 Minuten backen. Zuletzt mit Zucker bestreuen.

Eine heiße Vanillesauce schmeckt besonders gut dazu.

Nährwerte pro Portion	
Kilokalorien:	*650*
Kilojoule:	*2700*
Eiweiß/g:	*19*
Kohlenhydrate/g:	*120*
Fett/g:	*5*
Ballaststoffe/g:	*5*

Bayerische Dampfnudeln

4 Portionen

¼ l Milch, 25 g Hefe, 500 g Mehl, 70 g Zucker, 1 Päckchen Vanillinzucker, 1 Prise Salz, 2 Eier, 50 g Butter.

Für die Form:

60 g Butter, ¼ l Milch, 60 g Zucker

Milch erwärmen, Hefe in die lauwarme Milch bröckeln. Mehl mit Zucker, Vanillinzucker und Salz in einer Schüssel mischen, eine Mulde hineindrücken. Eier aufschlagen und zufügen. Butter in Flöckchen obenauf geben.

Milch und Hefe hineingießen. Alles mit dem Handrührgerät von der Mitte aus zu einem glatten Teig verarbeiten. Teig abdecken, ruhen lassen bis er doppelt so hoch aufgegangen ist. Den Teig danach nochmals kurz mit der Hand durchkneten.

8 Klöße daraus formen, auf ein bemehltes Backbrett legen, mit einem Tuch zudekken und etwa bis zur doppelten Größe gehen lassen.

Eine hohe Form oder einen schweren Topf mit Deckel fetten, Milch und Zucker hineingeben und erwärmen.

Die Nudeln nebeneinander in die Form setzen. Dekkel fest auflegen. Wenn er nicht dicht schließt, ein feuchtes Küchentuch um die Ränder wickeln, damit kein Dampf entweichen kann.

Bei schwacher Hitze auf dem Herd 30 Minuten ziehen lassen. Während der Garzeit den Deckel nicht anheben!

Dazu gehört Vanillesauce. Dampfnudeln schmecken aber auch mit Kompott.

Nährwerte pro Portion	
Kilokalorien:	*930*
Kilojoule:	*3910*
Eiweiß/g:	*22*
Kohlenhydrate/g:	*132*
Fett/g:	*31*
Ballaststoffe/g:	*3*

REGISTER

A

B

Hinweis

E einfache Zubereitung
S schwierige Zubereitung
B Blitzrezept
Z zeitaufwendig
TK tiefkühlgeeignet

C

D

E

F

G

H

I

J

K

L

M

N

O

P

Q

R

S

T

U

V

W

Z

Umrechnungstabelle für Temperaturen

E-Backofen	Gas-Backofen
Grad C	Thermostateinstellung
140–160	1
160–180	2
180–200	3
200–220	4
220-240	5
240–260	6
260–280	7
280	8